轻医养

产业理论与实践

罗柳珍◎著

QINGYIYANG

CHANYE LILUN YU SHIJIAN

企业管理出版社
EMPH
ENTERPRISE MANAGEMENT PUBLISHING HOUSE

图书在版编目（CIP）数据

轻医养产业理论与实践 / 罗柳珍著. －北京：企业管理出版社，2023.8

ISBN 978-7-5164-2876-4

Ⅰ.①轻…　Ⅱ.①罗…　Ⅲ.①养老－社会服务－研究－中国　Ⅳ.①D669.6

中国国家版本馆CIP数据核字(2023)第152861号

书　　名: 轻医养产业理论与实践
书　　号: ISBN 978-7-5164-2876-4
作　　者: 罗柳珍
责任编辑: 于湘怡
出版发行: 企业管理出版社
经　　销: 新华书店
地　　址: 北京市海淀区紫竹院南路 17 号　　**邮　　编:** 100048
网　　址: http://www.emph.cn　　**电子信箱:** 1502219688@qq.com
电　　话: 编辑部(010)68701661　发行部(010)68701816
印　　刷: 三河市荣展印务有限公司
版　　次: 2023 年 9 月 第 1 版
印　　次: 2023 年 9 月 第 1 次印刷
规　　格: 889 毫米 × 1194 毫米　　**开　　本:** 1/32
印　　张: 5.25 印张
字　　数: 88 千字
定　　价: 58.00 元

序言

《“健康中国2030”规划纲要》指出，“共建共享、全民健康”，是建设健康中国的战略主题。核心是以人民健康为中心，坚持以基层为重点，以改革创新为动力，预防为主，中西医并重，把健康融入所有政策，人民共建共享的卫生与健康工作方针，针对生活行为方式、生产生活环境以及医疗卫生服务等健康影响因素，坚持政府主导与调动社会、个人的积极性相结合，推动人人参与、人人尽力、人人享有，落实预防为主，推行健康生活方式，减少疾病发生，强化早诊断、早治疗、早康复，实现全民健康。

这段话告诉我们，社会中的每一个组织、每一个企业、每一个人，都是“健康中国”的一分子，都要力行推进这个战略行动。

长城物业集团是独立的全业态物业管理服务商，秉承“让社区变得更美好”的组织使命，以“科技化+人性化”的方式为社区提供全域服务；2017年，一应青藤计划启动，致力于将陌生人社区打造成熟人社区，解决社区根本性问题。长城物业在全国建立了800多个包括健康服务在内的一应驿站，为众多家庭提供服务。共筑健康社区，助力健康中国。没有健康，就没有幸福。可以说，长城物业集团“以基层为重点，以改革创新为动力”，正在力所能及地改善人们的生产生活环境。

罗柳珍女士和她的团队在“预防为主，推行健康生活方式”上做出了实践探索，《轻医养产业理论与实践》是罗柳珍女士和她的团队十余年探索研究形成的阶段性成果。

这本书从产业研究角度，阐述了轻医养的发展环境、基本定义、历史脉络、理论基础、业态标准等内容；从企业管理经营角度，阐述了轻医养的产品设计、产业链构成、场景体验、平台运营及产业生态形成等内容。有理论分析，也有实践指导。

本书明确了轻医养的本质——以轻为帜，以重做魂。以轻为帜，就是从产品、服务的研发、供给、获取到产业的管理、运营，对传统的医养行业减负。以重为魂，就是重在以实践证明行业的发展。

欣慰罗柳珍女士将她的实践成果《轻医养产业理论与实践》出版，备感欣喜，特作此序。

陈耀忠

长城物业集团股份有限公司董事长

2023年8月

目录

第一章

轻医养蓝海研究

第一节　满足社会健康需求

健康是人类永恒的追求，马斯洛需求层次理论将生理需求放在第一位，也是最基础的位置，而健康又是生理需求的根本。人们追求身体健康，渴望健康长寿……健康是人类一切事业活动的基础和前提条件。

《大健康产业蓝皮书：中国大健康产业发展报告（2018）》首次提出大健康产业概念，将中国大健康产业界定为：以优美生态环境为基础，以健康产品制造业为支撑，以健康服务业为核心，通过产业融合发展满足社会健康需求的全产业链活动。大健康产业围绕人的衣食住行、生老病死，对生命实施全程、全面、全要素的呵护，既追求个体生理、身体健康，也追求心理、精神方面的健康。

由此可见，大健康追求人的身体状态与精神状态的和谐统一，倡导一种健康的生活方式。人们可以通过调整生活状态、改善生活方式，甚至改变生活形态获得健康，人们更应通过主动追求而非被动治疗获得健康。

一、中华优秀传统文化与健康观念

千百年来，中国人一直在追寻健康的道路上探索，积淀出我们自己的健康知识和理念。

典籍方面：《诗经》中就已有对药物的记载；综合性中医经典著作《黄帝内经》；以问答形式阐释中医理论的《难经》；奠定临床医学基础的《伤寒杂病论》；伟大的药学著作《本草纲目》……

养生健身方面：东汉华佗创编“五禽戏”；传统保健功法“八段锦”；以呼吸吐纳为主的“六字诀”；融入中国传统辩证思想的“太极拳”……

理念方面：追求身心健康的平衡；顺应四季节气变化；养成良好的生活、饮食习惯；遵循养生的客观规律……

总体成就：形成生命管理的系统学科——中医。中医历经发展、迭代与创新，融汇健康理论和实践成果，形成了博大精深的学科体系。

二、民族复兴，大健康观念的意义

中华人民共和国成立后，我国的卫生与健康事业取得了举世瞩目的成就。

《健康时报》刊发的“新中国70年卫生健康大事记”指出：新中国成立70年，中国人均预期寿命从35岁增长到77岁。国际权威医学期刊《柳叶刀》对全球195个国家和地区医疗质量和可及性的排名显示，1995年我国位列第110名，2015年提高到第60名，2016年提高到第48名，是进步幅度最大的国家之一。我国居民健康水平持续改善，居民主要健康指标总体上优于中高收入国家平均水平。

维护人民健康日益被摆在更加突出的位置：召开全国卫生与健康大会；提出新时代卫生与健康工作方针；印发《“健康中国2030”规划纲要》；发出建设健康中国的号召，明确了建设健康中国的大政方针和行动纲领；提出人民健康状况和基本医疗卫生服务的公平性、可及性持续改善……习近平总书记在2016年全国卫生与健康大会上指出，“没有全民健康，就没有全面小康”“要把人民健康放在优先发展的战略地位……努力全方位、全周期保障人民健康”“树立大卫生、大健康观念，把以治病为中心转变为以人民健康为中心”。

三、大健康，永恒的朝阳产业

每一个年龄段的人都需要健康，从产业角度看，大健康发展呈现以下趋势。

1. 健康观念不断转变

随着时代的发展，特别是经历了非典疫情、新冠疫情，人们的健康观念在加速转变：从“疾病治疗”向“疾病预防”不断强化。这种转变说明，人们对健康管理的保健、预防功能的重视程度在持续提升。

我国古人始终强调保健和预防疾病的重要性。《黄帝内经》便已提出：“上工治未病，不治已病，此之谓也。”意指在疾病发生之前就要采取相应的针对性措施以杜绝疾病真正发生，这与今天人们的健康管理理念深度契合。

2007年，国家中医药管理局制定了《“治未病”健康工程实施方案》；2009年，国家中医药管理局制定了《关于积极发展中医预防保健服务的实施意见》。文件适合群体包括亚健康人群、病前状态人群、慢性疾病需实施健康管理的人群，以及其他关注健康的特殊人群，如儿童（生长发育）、育龄妇女（孕前调理）、男性（育前保健）、老年人（延年益寿）。

健康是每个人的第一责任，每个人都应该积极主动维护自己的健康状态，真正履行对自己的健康责任。

2. 健康需求持续增加

当下人们的工作压力大、生活节奏快，“病前状态”和“亚健康”人群不断增多，同时人们的健康意识不断提升，年轻群体的健康消费理念也在不断转变。

第一，年轻亚健康人群不断增加。有健康调查数据显示：18~26岁被访者中有不健康生活习惯的人群占比较高，有健康困扰的比例比其他年龄段高；27~36岁被访者加班量大，受久坐引起的心脏不适、肌肉酸痛、睡眠质量差等问题困扰；从32岁开始，受慢性疾病困扰的比例增加；37岁后身体代谢速度变慢，更易受到体重增长的困扰。

第二，高端化、个性化的健康管理需求增加。收入的增加使人们更加重视身体健康及生活品质。

第三，环境变化使健康需求增加。工商业飞速发展的同时，水体污染、臭氧层破坏、水土流失、空气质量下降等环境问题日益突出，以“健康、绿色、生态”为主题的食品、旅游和康养等产业的发展契合“天然养生”的健康需求。

健康需求逐渐发展为健康消费需求，体现在人们生活的方方面面。保健品、健康食品受到关注；更多人开始通过慢跑、跳舞等方式增强身体素质；家用型健康类电器和医疗器械的功能越来越强大而价格越来越低，加湿器、空气净化器、净水器、制氧机等逐步进入千家万户。

3. 健康产业快速发展

大健康是近来人们关注最多，也是增长最快的产业之一。

在美国，大健康产业近十年增速极快，可以说进入了美国经济的支柱产业行列。

对比中美两国的人口数量、需求空间、市场容量等可以看到较大差异，也意味着中国大健康产业存在巨大的商机。

《“健康中国2030”规划纲要》明确战略目标，到2020年，健康服务业总规模超8万亿元，到2030年达16万亿元。10年时间实现规模翻一番，要靠以健康为核心的诸多产业发展的支撑。

前瞻产业研究院指出，在我国，大健康产业是一个产业发展的集合概念，涉及国民经济三次产业中多个部门。第一产业涉及有机农业和中草药种植等产业；第二产业涉及健康食品、医药生产、健康装备器材制造等产业；第三产业涉及医疗卫生服务、环境和公共设施管理、健康管理、健康金融服务等产业。

经济水平的高质量发展，社会文明的深层次提升与人们对健康的持续追求是同步的。我国把人民健康放在优先发展的战略地位，为实现“两个一百年”奋斗目标，为实现中华民族伟大复兴的中国梦打下坚实健康基础。

第二节　难承之重，蓝海中的医养尴尬

面对“健康中国”的实践探索，面对日益增长的医养需求，面对未来巨大的产业发展空间和市场增长体量……审视医养行业现状并从中找到机遇，是每个医养行业从业者都要面对的问题。

一、对医养的基本认识

目前宣传较多的是狭义上的医养，即“医疗+养老”，实际上，医养是一个内涵广泛的概念，是“覆盖了生命全周期的完整系统”。

人们往往认为“医在前，养在后”，即生病了去医院找医生治疗，然后通过调养恢复身体健康，“养”是治疗的辅助手段。而我们大力提倡的理念是“养在前，医在后”，即通过养生、调养等方式把疾病消灭在发生之前。

医养的受众群体不是患者，而是亚健康人群、病前状态人群，乃至健康人群，医养坚持以“治未病”理念为基础，其侧重点在于“养”。

所以，医养就是站在生命全周期的视角下，根据人体生命活动的规律，进行身心养护调节，从而达到健康体魄、延年益寿的目的。

养生、艾灸、按摩、足疗、采耳、针灸、瑜伽等提供保健、养生服务的行业，都可以纳入广义的医养范围。

二、医养尴尬现状——重

分析行业、市场现状要从两个基本面进行：一个是供给侧，另一个是需求侧。

1. 需求侧

医养的天然属性决定了其用户对产品或服务的体验效果尤为重视，在“以用户为中心”已成为共识的当下，医养用户却不得不面对三“重”。

一是时间“重”，即接受服务的时间较长。无论是哪一种保健、养生方式，短则40分钟到50分钟，长则60分钟到90分钟，在快节奏的生活中，人们很难抽出足够时间来接受医养服务。

二是费用“重”，即获得医养服务的花费较大。

三是心结“重”，即用户对服务效果的顾虑大。保健养生毕竟不是疾病治疗，没有统一的评价标准，大多数用户靠感觉判断效果。能不能有效？什么时间见效？为什么这种服务有效？用户往往有很多疑虑。

需求侧的“重”是医养行业发展必须解决的问题，这些“重”

提醒从业者要更多地从用户角度突破发展的障碍。

2. 供给侧

在产业发展、社会发展、企业发展这些供给侧，医养行业同样面临着不少问题。

供给侧结构性改革，就是从提高供给质量出发，用改革的办法推进结构调整，矫正要素配置扭曲，提高供给水平，增强供给结构对需求变化的适应性和灵活性，提高全要素生产率，更好地满足广大人民群众的需要，促进经济社会持续健康发展。

在供给侧，医养行业面临着以下问题。

在社会管理层面。提供医养服务的商家基本为有一定面积的实体店，这就涉及消防、水电等一系列经营合规问题，要接受多个部门的检查，对企业的合规性提出了考验。

在企业经营层面。由于医养服务企业的行业属性与经营时间的特殊性，其人员、店面的管理运营成本都很高，影响着企业的现金流，对企业的经营能力提出了考验。

在产品服务层面。口服类的医养产品创新不足，部分商家故意夸大产品功效，涉嫌虚假宣传，影响了行业声誉。产品的包装忽视用户的接受和认可程度，影响消费者初始印象。体感类的医养产品，如器械、设备等，大部分显得简陋，如实验仪器般让人感到冰冷，从情感上难以接受。部分仪器的操作极为复杂，增加了消费者的学习成本，造成使用障碍。服务类的医养产品以消费者体验为主，服务人员的技术能力是关键，部分商家则对此不够重视。

在创业者层面。在“大众创业，万众创新”的号召下，许多创业者纷纷投身于大健康产业，也包括医养产业。然而现实的操作难度相对较大。前期一次性投入和后期持续投入都给创业者造成较大压力。并且，对医养行业而言，创业者往往既是员工也是管理者，既要会服务又要懂经营，还要能解决技术问题，创业需要“全能战士”。

在这种种“重”压之下，必须“举重若轻，拈轻避重”，才能找到医养产业的蓝海，把握机遇，实现突围。

三、医养产业蓝海初探

聚焦于现有市场竞争等于接受了商战的限制性因素，即在有限的市场上求胜，却否认了商业世界开创新市场的可能。运用蓝海战略，则是将视线从超越竞争对手移向买方需求，跨越现有竞争边界，筛选不同市场的买方价值元素并重新排序，从给定结构下的定位选择向改变市场结构本身转变。蓝海市场的定义是：未发掘出客户需要也不存在竞争的市场。

从上述定义可以分析出，医养产业存在蓝海。一是用户即买方巨大的需求尚未得到满足；二是行业要素资源结构不合理的问题较大，亟待通过重组激发活力；三是充足的市场空间可以划分若干新的细分领域，谁能率先找到细分领域谁就能脱颖而出。

价值创新是医养产业实现蓝海突围的基础。第一，突破现有医养行业的经营方式，把创新与效用、价格与成本整合起来，形成高效率的医养服务供给；第二，目标不是在各方面都对行业标杆实现超越，而是通过改变商业模式与产业框架重新设定游戏规则，避开激烈竞争，开辟新的赛道；第三，不再只瞄准现有市场的各类用户，而是深层次挖掘所有人的医养需求，找到激活存在巨大需求潜力的用户；第四，不是一味满足小部分细分用户的偏好，而是对现有的产品或服务进行系统化、标准化的整合。

医养行业就是要实现这样的价值创新——通过创新产品与服务，使需求侧和供给侧的价值均实现提升和跃迁，由此开辟一个全新的、共赢的医养市场领域。

第三节　突围，向根本求生死

明代哲学家王守仁在《次谦之韵》中写道："珍重江船冒暑行，一宵心话更分明。须从根本求生死，莫向支流辩浊清。久奈世儒横臆说，竞搜物理外人情。良知底用安排得？此物由来自浑成。"

其中"须从根本求生死，莫向支流辩浊清"一句告诉我们：在复杂事物自身包含的多种矛盾中，每种矛盾所处的地位、对事物发展所起的作用是不同的，总有主次之分。正是由于矛盾有主次之分，在想问题、办事情的方法上也应当相应地有重点与非重点的区分，要善于抓重点、集中力量解决主要矛盾，也就是要从本源、根基、本质上求结果，不理会非主要方面的是非。

医养产业面对需求侧的释放、供给侧的结构调整问题，面对种种行业痛点和发展障碍，需要从根本处找到问题、解决问题、抓住机遇、把握优势。

一、医养的"根本"在哪里

"根"，《说文解字》曰"根，木株也"，指砍掉树干的木橛子，在现代汉语中有树根的意思。“本”，《说文解字》曰“木下曰本”，指的就是树根。“根”“本”二者放在一起，可指事物的本源或最重要的部分。

医养的“根本”在哪里？答案就是两个字——用户。

用户是医养行业的根本。用户指医养产品的购买者、使用者、践行者、传播者。全心全意为用户服务，是医养行业发展的第一动因。只有商业体获得利润，医养行业才能持续发展。利润从哪里来？利润只能从服务对象——用户中来。所以，医养行业的发展必须以用户为中心，满足用户的医养需求，提供用户所需要的医养产品和服务。医养行业的发展就是围绕用户进行创新、塑造。

医养产品和服务的购买者、使用者是消费主体，包括健康、亚健康、病前状态人群，这些人群首先有医养需求，其次具备消费能力。医养产品和服务的践行者、传播者是商业主体，存在于产业链的各个环节，创造并产生价值，与上下游构成相关利益者关系并发生价值交换。

商业主体围绕消费主体进行价值创新，商业主体与消费主体的价值匹配度越高，就越有利于促进医养行业的发展，就越有利于实现共赢。

二、医养的“生”与“死”

1. 医养的“生”——用户群体市场

医养行业用户群体的主体首先是亚健康人群。人体处于亚健康状态，机体没有发生病变，但出现体力下降、反应能力下降、精神状态欠佳、免疫力下降等症状，患病概率大大增加，亚健康状态又称病前状态。

亚健康状态分为是身体素质亚健康和心理素质亚健康。

身体素质亚健康表现为：感到身体疲乏、困倦、酸痛，产生失眠、身体机能下降现象，缺乏朝气和活力，甚至会出现行为怪异、动作不灵敏等情况。

心理素质亚健康表现为：产生焦虑、急躁、烦闷等情绪，在这些情绪的影响和作用下，会出现反应迟钝、记忆力下降等现象，过度依赖、自卑等也是心理亚健康的一种表现。

亚健康状态会影响人的工作与生活质量，工作效率会大幅度下降，情绪波动会影响周边人群。长期处于亚健康状态很容易引发各种疾病，特别是慢性病和重大疾病。严重的亚健康问题仅靠自我调节收效甚微，需要借助一定的专业治疗。

医养用户群体的另一主体是主动追求健康，接受并坚持医养的人群。这部分人会主动学习相关知识，愿意为医养付费，特别关注正确的医养方法和医养产品。

2. 医养的“死”——产品服务供给

医养行业的一面是庞大的用户市场，另一面是尴尬的市场供给。当前医养市场存在诸多问题，如不能改善优化，会制约医养市场的持续发展。

服务问题。成为一名合格的医养从业人员，需要专业技能培训和数年的服务实践，但目前医养从业人员大多专业水平不强，未经过系统的技能培训。同时由于工作时间长、劳动强度大、福利待遇低、职业保障少等因素，年轻人不愿意选择医养行业。这些现实情况造成了医养行业服务能力不足的尴尬局面。

标准问题。大健康是个筐，什么都能往里装，医养同样存在这样的问题。医养食品、医养设备、医养服务等领域缺乏公共标准，不免出现泥沙俱下的现象。

现代化问题。大多数医养方式较为传统，未能充分现代化，对大数据、智能化、物联网等高科技手段的应用更是少之又少。

政策支撑问题。缺乏对医养行业的专项政策，相关政策大多聚焦“医疗+养老”领域，全周期生命健康的支持政策相对模糊，力度不足。

资本问题。目前大部分医养企业还属于劳动密集型企业，规模较小。医养行业存在投资周期长，收益率不高等客观状况，难以获得资本市场和投资机构的青睐。同时医养行业商业模式相对单一，未能创新转型。

产业联盟问题。专业的医养协会类产业联盟还未形成。

社会态度问题。正因为以上种种问题的存在，人们即使内心认可医养的理念、方法，但仍会对医养的产品、技术、效果等持有一定的怀疑态度。

这些问题都在一定程度上影响了医养行业的发展，在大健康产业其他领域快速增长的态势下，不得不说是一种遗憾。

三、医养实现创新突围

创新突围要从根本——满足用户的需求入手。首先要找到用户的“需”，即用户的问题是什么；然后才是满足“求”，即用户真正要的是什么。

1. 狭义的用户需求

有医养需求的各类人群，需要的不是治疗，而是调养。虽然目前市场上各类养生、保健、保养产品与服务层出不穷，但是由于现代社会人们的生活节奏和习惯方式特点，大多数人没有足够的时间停下来享受服务，或者没有足够的经济力量购买服务。大众用户需要的调养，一定是获取方式简单、体验过程轻松、效果立竿见影、价格公道感人的服务。

2. 广义的用户需求

广义的用户需求包括商业主体的需求。商业主体需求的本质是实现共赢。共赢，就是产业链的上下游能够形成一体化的整合，上一个环节能为下一个环节创造价值，下一个环节能够为上一个环节提供利益，所有利益相关者的目标一致、利益一致，通过技术、资源、市场的整合配置、深度共享，每个商业主体都能够获得与自身能力相匹配的利益。

从根本上实现突围，就是要从过去“我卖给用户什么”的思维转变为“我能够满足用户什么”的思维。要从凡事以自我为中心的利己主义转变为凡事以用户为中心的利他主义。要想实现共赢，就要努力促进用户获取体验、服务、利益最大化，从而实现自身利益的最大化。

第四节　轻，一场医养革新

轻，可以释义为：重量小，数量少，不用猛力，不重要，不重视，不严肃，轻松。如果用辩证的思维看，轻是一种状态，是同一事物在同一标准下可能呈现的两种状态之一。

轻，影响着我们的工作与生活，它无处不在又让我们几乎感受不到它的存在；轻，给我们带来了难以言喻的便利。比如：世界上第一部移动电话的重量是3千克，现在的手机重量为110克到160克；世界上第一台计算机重达30吨，现在最轻的笔记本电脑只有几百克重；碎片化时间的利用，可以让我们进入“轻”学习状态；信息化工具的使用，可以让我们“轻”办公……这些，只是“轻”带给我们的直接影响。从产业发展到社会进步，“轻”是一种不可低估的力量，更是不可阻挡的趋势。

一、轻，是一种思维理念

18世纪60年代，英国开始了工业革命，表现最突出的就是诞生了以棉纺织工业为代表的“工厂系统”。

工业革命之前，棉纺织业基本依靠人力劳动，采用家庭作坊生产方式：人员技能参差不齐，生产效率低下，从原材料到成品的周期长。我们可以从“轻”的理念视角来理解工业革命给棉纺织业带来的跨越式发展。

第一个“轻”体现在生产工具上，飞梭的发明大幅提升了生产效率；第二个“轻”体现在生产技术上，纺纱架的研制解决了生产技术标准的问题；第三个“轻”体现在动力供应上，大规模水车应用于生产当中。

从中不难看出，“轻”的理念运用于实践可实现质的跃迁。

二、轻，是一种技术应用

轻量化是一个来自汽车领域的生产技术概念，最先出现于赛车领域。减轻车身重量，更便于运动员对赛车的操控，并且可以在同样的发动机动力输出条件下，缩短赛车提速时间，提高车速，降低耗能。

轻量化技术应用于普通汽车领域，契合节能环保的理念，在提高汽车性能的同时还能节省汽油的消耗。

轻，从技术的角度解决了汽车行业的发展痛点，是汽车领域的一次技术革命。

三、轻，是一种生活方式

小牛电动（Niu Technologies）成立于2014年，是智能城市出行解决方案提供商，致力于为用户提供更便捷、更环保的智能城市出行工具，开创了智能两轮电动车这个新品类。

电动车，在许多人的认知里只是代步工具，小牛电动车的出现让人们感到：原来电动车也可以做到极致，打造一种生活方式。

电动车更加低碳环保，是短途出行的优选解决方案。小牛电动车在核心的代步功能之外，通过品质化的工业设计输出“轻出行”的生活理念，针对城市出行的拥堵状况，开发轻便出行载具，是“轻”理念在生活方式层面的标杆案例。

四、医养“轻”起来的基本路径

把“轻”的理念运用于医养产业，可以初窥未来发展的三大基本路径。

路径一：产业发展要“轻”。从产业链角度看，加快资源的连接与整合，将原本分散的、无序的、各自为战的价值节点整合为标准的、统一的，能够让用户轻松愉快接受的产品或服务，高效率利用资源，降低医养的输出门槛。通过统一的供应链聚合，大幅降低商业主体的经营成本，从而降低服务价格，把节省下来的成本作为价值传递给用户，提高用户的购买意愿。

路径二：服务方式要“轻”。从从业人员角度看，在保证服务品质的同时，要形成规范化的服务技术，并形成行业标准。从用户的角度看，在保证效果的前提下，要缩短用户接受医养服务花费的时间，通过调节用户的心理状态和生活习惯，让医养与生活融为一体，使用户高效获得价值。

路径三：经营管理要“轻”。打造一套系统经营输出方式，把打工者变为创业者，吸引更多人才投身于医养事业。不需要太大的门店、不需要华丽的装修、不需要太多的人员、不需要太长的时间，即可让用户获得有效的医养服务，实现商业主体与用户的共赢。

在“轻健身”“轻疗愈”“轻断食”等理念盛行的今天，医养产业“轻起来”必将推进行业发展。

第二章

轻医养基本定义

第一节　何为轻医养

医养产业变革的着眼点在于“轻”，目前对“轻医养”并无标准定义，笔者结合医美、养生、保健行业三十年从业经验，尝试总结如下。

轻医养，以传统中医理论为根基，以量子思维为指引，以新艾灸为切入点，融医、养、美于一体，物质产品与精神服务双供给；以轻松、便利、有效为核心主张，医未病，养非病，去心病；以社群化、智能化、平台化为载体，建立、提供一种新型的健康生活方式。

以传统中医理论为根基。中医是中国古代人民生活与生产实践过程中经验与智慧的传承与总结，已经形成了系统理论与丰富的实践方法，特别是中医养生理念直指身体健康的本源，是极为领先的医养理念。

以量子思维为指引。量子思维告诉我们微观世界的不确定性与测不准。当我们用量子思维审视医养产业的发展时，就能在复杂混沌的产业形势中将注意力和精力集中在“轻”字上面，思路豁然开朗，目标愈加清晰。

以新艾灸为切入点。艾灸在春秋战国时期就得到了应用，艾灸不仅能够应用于疾病的治疗，对人体的调理保健也能发挥重要作用，是重要的保健手段之一。新艾灸就是让传统艾灸方法变简单、易上手，让艾灸走入千家万户。

融医、养、美于一体。医是根基，养是方式，美是结果。从字面理解，医就是治疗，养就是养生，美就是医美。治疗和养生，追求的是身体健康，是根本要求；医美是对人体修复塑造，是外在要求。医、养、美结合可以实现人体内外的和谐统一，符合健康理念。

物质产品与精神服务双供给。满足美好生活需要，就要在物质和精神两个层面上下功夫，轻医养不仅要用物质产品满足人体健康的需求，更要从精神层面减轻人的心理压力，使人们获得身心健康。

以轻松、便利、有效为核心主张。把“轻”落实到医养的标准层面，就是要化繁为简，直指根本，解决突出问题。轻松，让接受医养服务的群体感到轻松，同时也让提供医养服务的群体感到轻松，双方都能获得愉悦；便利，获取医养服务要便利，提供医养服务也要便利，便利会带来快捷，适应人们当下的生活节奏；有效，在轻松、便利的基础上，医养服务的效果是根本，没有效果，轻松、便利都只是形式。

医未病、养非病、去心病。《黄帝内经》中说“精神内守，病安从来”。医未病，就是要在疾病发生之前，通过调养保持身体健康，把问题消灭于发生之前。养非病，非病不是病，非病是一种亚健康（病前）状态，要通过调养，把亚健康调整到健康，把病前调整到没病。去心病，心病涉及心理状态、精神情绪等，要通过调养，让人保持心情愉悦、心态积极向上、心理正常健康。轻医养就是注重身体养护，更重视精神调节。

以社群化、智能化、平台化为载体。轻医养的服务对象是大众，社群化就是直接面对用户，通过线下社区、线上圈群，将轻医养的理念传播到千家万户。智能化是利用先进的互联网技术，线上与线下融合，需求与供给融合，形成轻医养大数据，最终实现提供个性化服务。平台化就是要广泛整合产业链上下游，广泛整合跨界资源，以平台化的方式推动轻医养生态系统形成，让每一个参与者都能在其中收获价值。

建立、提供一种新型的健康生活方式。轻医养不是治疗疾病，而是要把疾病消灭于发生之前，是倡导一种生活方式。这种生活方式需要人们通过锻炼、调养等方法，保持健康、快乐。把轻医养融于生活的方方面面，让起、居、坐、卧、衣、食、住、行等符合人体的生理特点及自然的规律，给人们的工作、学习和健康带来诸多益处。

一、中医理论为“根”

轻医养以中医理论为根基，在中国古人对天地自然、历史文化、生命规律的探索积累上进行延伸。轻医养不是无根之水，而是滔滔大江中一朵美丽的水花。

二、心理调适为“脉”

现代医学研究表明，心理、情绪的变化会影响身体状态。世界卫生组织对健康的定义也涉及心理健康。身体不适或亚健康状态也是对心理疲倦的反映，提醒人们要及时调整状态。在这个阶段，往往疾病处于潜在状态，如果不及时调整，就会产生更多的生理、心理问题，进而诱发疾病。

轻医养重视对人的内心状态、情感、情绪进行调整，提醒人们时刻关注自己的精神健康。在轻医养的整个服务体系中，首先要做的就是调适人们的心情、心态，其次才是身体的养护。

三、医、养、美为“体”

1. 医

运用中医治疗的原理指导轻医养实践。轻医养的核心不在于治疗，而是疾病发生前的调养保护，当然也兼顾已病状态的养生。

2. 养

为用户提供调养、保养服务。一种是主动的，即传授轻医养的知识，教会用户运用轻医养的方式方法实现自我调节。一种是被动的，即用户直接接受轻医养服务。

3. 美

古人追求身心统一的和谐之美，轻医养的目标之一也是帮助用户实现身心之美。

医、养、美构成了轻医养服务的核心，是轻医养打造产品、提供服务、系统运营的逻辑基础。

四、社群化、智能化、平台化为“势”

借“社群化”之势，让医养服务普惠大众；融“智能化”之势，转化先进技术造福人群；造“平台化”之势，广开合作渠道，共建“大健康”产业。

1. 借“社群化”之势

社群化意味着用户圈群对医养服务的需求更加细化、医养品牌的传播更加高效、医养事业的运营更加便捷。凝聚一群热爱健康、热爱生命的人，共享轻医养的观念、知识、方法，不仅为用户带来福利，更能感召更多的人加入轻医养事业。

2. 融“智能化”之势

利用智能化的技术，可让轻医养服务更加个性化。

3. 造“平台化”之势

平台具有开放性和包容性，轻医养的平台化将以“生命健康”为事业根基，在多个领域实现共享价值输出。

五、新型健康生活方式为“果”

新型健康生活方式与每个人息息相关，对之可以分三个层次理解：宏观层面，即要创建良好生活环境，提升国民健康素质；中观层面，即要不断强化人们对生命、疾病预防和健康保健的认识，打造正视生命健康的氛围，让每个人都能保护自己的身心健康；微观层面，即要启发人们自觉利用轻松、愉悦的方式方法调养身心。由此可见，新型健康生活方式不是个人的行为，而是环境、社会、团体等多种元素共作用的结果。

第二节　轻医养，传承与创新

轻医养不是要彻底推翻医养产业，而是要在传承中创新。

一、传承

1. 传承中医理论

中医在漫长的历史发展进程中，形成了独具一格的理论、方法、知识和临床经验等，能够解决实际问题，对未来医学发展有着重要的启示作用。轻医养以中医理论为基础，是对其的传承。

2. 传承中医文化

中医文化是中华优秀传统文化的重要组成部分，轻医养正是正确诠释和传承中医文化队伍中的一分子。

3. 传承中医教育

传承中医教育，不仅是培养中医学科人才，更是让中医知识容易为大众理解。培养轻医养人才也是传承中医教育的一部分。

二、创新

1. 创新服务

建立分层的医养服务体系。针对不同人群的不同需求点，提供有侧重性的医养服务。

侧重在“养”上下功夫。基于治未病的理念，加大调养理念、方式、方法的传播。从衣食住行等方面，完善调养方法系统，让人们在生活中养成良好习惯，在潜移默化中获得医养效果。

轻医养对中医服务的创新核心在于一个“轻”字，从中医养生的角度对现有的中医服务进行创新，专注中医养生的“轻量化”。

2. 创新传播

在“万物传媒”时代，要用新的思维和方法推广轻医养。

利用新媒体平台传播。用户在哪里，传播就在哪里，比如年轻群体更容易接受线上传播的方式。

利用社区推广传播。这里的社区特指线下社区，直接将医养服务送到居民家门口，消除距离感，提高便利性。

利用文化IP传播。打造轻医养文化IP，让大人小孩都更容易接受产品和服务。

在品牌形象上创新，更符合现代人的认知习惯与消费习惯。

3. 创新发展

加快线上线下融合，利用先进的互联网工具，实现智能辅助和远程服务，降低人们获取医养服务的空间成本与时间成本。利用资本金融赋能，医养产业是一项需要长期坚持的事业，资本金融的力量可以加快创新体系的建设，实现长期价值收益。

第三节 轻医养，养成一种精神状态

时间和环境不同，个人的精神状态表现便不一样，精神状态的表现包括仪态、个人生活自理情况、意识状态、日常活动状态等。认识活动涉及感知觉、思维活动、注意力、记忆力、智能等。情感活动涉及面部表情，情绪的稳定性，有无病理性优势情感等。轻医养追求的是一种身心健康同步协调的状态。精神状态依托于物质基础，中医认为“精、气、神”的状况决定着精神状态。

轻医养不仅调养精气，更重要的作用在于提神，最终目的是使人体保持在营养均衡、灵活自如、匀称协调、体重适中，同时思维、记忆、触觉良好的状态。从这个角度可以说，轻医养是培养一种精神状态。

第四节　轻医养，打造一种生活方式

生活方式指人们长期受一定社会文化、经济、风俗、家庭影响形成的一系列的生活习惯、生活制度和生活意识。可以将生活方式理解为不同人群在其生活圈、文化圈内所表现的行为方式。人们的行为表现直接显现在外，支配人们行为的价值观则隐含在内。生活方式的构成要素包括生活节奏、生活空间、生活消费等。

一、轻医养倡导的是健康

健康的生活方式可以总结为：合理膳食、适量运动、戒烟戒酒、心理平衡。健康是一种动态的平衡状态，体现于生活方式当中。健康和疾病是不断斗争、此消彼长的关系。健康与疾病谁占据主导地位，取决于人们对生活方式的选择。如果一个人长期处于不健康的生活方式中，其自愈和免疫能力就会下降，那么疾病就会产生。轻医养就是要打造一种主动远离疾病的生活方式。

轻医养的重心，是从“关注疾病”向“关怀健康”迁移，更关注未生病、病前状态人群。

轻医养重点关注的不是对疾病的治疗，而是疾病发生前的调养。健康的生活方式，可以保证我们充满旺盛的生命活力。轻医养的理念是：最好的医生是自己，最好的药物是时间，最好的心情是宁静，最好的运动是步行。

二、轻医养倡导的是品质

奥卡姆剃刀原则告诉我们“如无必要，勿增实体”，合适、能够满足自己的需要就好，这是正确的物质消费观念。例如，衣服不需要华丽昂贵，干净整洁就好；食物不需要油腻丰盛，能够饱腹健康就行；家庭装修装饰不用太过奢侈，实用大方就行……

简单并不代表品质的降低，品质是医养服务的基础。轻医养就是通过“形式简单，品质提升”创造和引导一种简约的生活方式。这种有品质的生活方式可以为人们带来健康、快乐。轻医养就是要打造一种主动靠近健康快乐的生活方式。

轻医养是把医养理论和实践中的精华萃取出来，用简单易行的方式提供服务并获得成效。轻医养可以在不放弃医养服务品质的前提下，大幅提升医养服务的效率。

三、轻医养倡导的是顺其自然

顺其自然的生命状态，就是在适合的年龄段做适合的事，领略每个年龄段的快乐。轻医养让人的身体机能在各个年龄段达到最佳状态，调养的不仅是身体，更是心态、心性。

第五节　轻医养，朝阳产业

朝阳产业指新兴产业，是具有强大生命力的、能使技术突破创新并带动企业发展的产业，其市场前景广阔，代表未来发展的趋势，一定条件下可转变为主导产业甚至支柱产业。轻医养符合朝阳产业的衡量标准。

一、轻医养的市场前景

轻医养是一种新型的健康服务模式，可获得健康服务市场的红利。健康服务一是可以提升国民健康素质、节约医疗资源、降低医疗成本，缓解慢性疾病和老龄化问题；二是可以实现产业经济效益、带动相关健康产业发展，满足多样化和高质量健康服务需求。在大健康战略下，健康服务产业将是重要的增量市场。

世界卫生组织的一项国际性调查表明，处于真正健康状态的人只占5%，被诊断患有疾病的人占20%，其余75%的人处于亚健康状态。随着生活节奏的加快，焦虑症、抑郁症等心理疾病正困扰着很多人，健康服务业存在较大的市场需求。

二、轻医养的发展趋势

社会与环境的发展趋势总体指向科技化、环保化、人性化和品质化，人们追求的是更加便捷、更加顺应自己心意的产品和服务。需求越高，发展就越好，轻医养恰好契合这种需求。

轻医养能够提供覆盖人们全生命周期的健康服务。人们的健康消费需求已经从对疾病的防治转向对健康水平与生命质量的关注。健康服务面向老龄人群和慢性病人群，随着人们收入水平持续攀升，消费者购买力不断提高，健康产品和健康服务需求正在急剧增加，为产业发展提供了土壤。一系列扶持政策的出台，也会加速产业发展。我国的健康服务市场与发达国家相比还有差距，存在很大的提升空间。

三、轻医养的产业价值

支柱产业指在国民经济中生产发展速度较快，对整个经济起引导和推动作用的先导性产业。支柱产业具有较强的连锁效应：诱导新产业崛起；对为其提供生产资料的各部门、所处地区的经济结构和发展变化有深刻而广泛的影响。

轻医养产业符合支柱产业的一些特征，具有较高的产业价值。

轻医养产业市场扩张能力强、需求弹性高，发展快于其他行业。健康是每个人的基本诉求，健康是全民的健康，而非部分人的健康，健康市场具备极强张力。

生产率持续、迅速增长，生产成本不断下降。轻医养通过产业与资源的整合，优化供应链，可大幅降低各环节的生产成本，同时带动产业运转效率。

轻医养推动全民参与健康行动，带动健康事业发展，形成不同层级的商业经营系统，可满足不同人群的创业或就业需求。

产业关联度高、长期预期效果好。轻医养在横向与纵向上都可实现产业链的深度关联，打造医养产业新生态。在纵向层面，可提供一体化的产业周期赋能支持；在横向层面，具备跨行业的资源整合与转化能力。

轻医养提倡用更简单的方式带来更佳的医养效果，是资源高效率、集约化运用的体现。

第三章

轻医养发展脉络

第一节　起源于远古

从广义上讲，医养是一种本能，远古时期的人类已初步懂得利用各种身边的事物最大限度地保护自己的健康和生命。

一、标志性事件

1. 食物与药物

起初，人类还不会生产食物，而是靠采摘为生。在寻找食物的过程中，人们发现有些食物可以缓解身体的不适，而有些食物吃下去就会导致死亡。如果受伤了，找一些树叶敷上，就发现了哪些树叶能够促进伤口愈合，哪些能够缓解疼痛。这些都是早期广义的医养行为。比如，在浙江萧山跨湖桥新石器时代遗址（距今约8000年到7000年），考古学家发现了小陶釜里煎煮草药的痕迹。

2. 火的使用

使用火是人类文明和智慧的标志，其中也蕴含着人类养护身体理念的萌芽。远古人类发现火可以驱逐寒冷、烹饪食物、恐吓猛兽，甚至可以治愈某些疾病。火成为人类一种保护自己、增强体质的简单、有效的工具。火可以保持温暖，驱散山洞中的潮湿，改善居住环境，降低了患病的概率；火可以把生冷食材变成熟食，使之更容易消化，提高了营养的吸收效率。人们还发现用火加热过的石头烘烤体表部位可以舒缓某些不适。

3. 居住环境

从茅草屋、泥巴屋开始，人类就知道要预留通气口，使房间空气清新，居住更加舒适。

二、标志性人物

神农尝百草的故事流传至今。相传他带领部落成员始种五谷，以为民食；制作耒耜，以利耕耘；遍尝百草，以医民恙；织麻为布，以御民寒；陶冶器物，以储民用；削桐为琴，以怡民情；首辟市场，以利民生；剡木为矢，以安民居。

三、标志性活动

远古人类在采集果实、狩猎百兽的时候，对天地自然运行、飞禽走兽生存的规律有所领悟，进而加以模仿，形成了音乐、舞蹈、歌唱、体育的原始形态。

可以想象，远古的人们经过一天的劳作，发现了静卧休息、舒展肢体，或者敲击身体的部位，即能缓解疲劳和不适感，从而恢复体力。这些应是呼吸吐纳、导引、按摩等养生术的起源。

第二节　萌芽于夏、商、周

夏、商、周三代已出现医养学的萌芽。

一、标志性事件

相传，商代伊尹以中药汤液把药补和食补调养身体的作用完全发挥出来。饮食养生实践很早便已开始，食物的分类逐步细化，烹饪方法也讲究五味调和。周代已经出现专门管理饮食卫生的“食医”，同时出现了将病人的营养和临床结合起来的“食治学”。

甲骨文中有表示洗脸和洗澡的文字，说明人们已经有了清洁身体的习惯。注重环境卫生，清洁扫除在当时也已成为卫生习惯。在公元前5世纪到前4世纪，已经有了污水处理的方法，这是保证健康的有效措施。

我国传统的健身导引术也已出现，从远古时代原始、未定型的动作发展为春秋时的保健功法。战国初的《行气玉佩铭》表明呼吸锻炼保健已成为一种学问。对老人、妇幼保健养生也有很多合理主张提出，涉及情绪、起居、饮食、优生优育等多方面。在提出理念的同时，人们也开始养生实践，包括导引术、讲究卫生、药物养生、饮食养生，以及优生优育等。

二、标志性思想

扁鹊是春秋战国时期的名医，他对人体健康的理解已经蕴含了“在疾病发生之前通过调养来消灭”的理念。扁鹊见蔡桓公的故事，说的是扁鹊几次提醒蔡桓公有隐患疾病，而蔡桓公都以“寡人无疾”应对，最后病深而发、医治无效死去。扁鹊三兄弟行医治病的故事，说的是最高明的医生应该是治病于病情发作之前，或者通过对小病的治疗消灭生大病的可能的理念。这些都是对“治未病”的生动阐释。

春秋战国时期“百家争鸣”，各学派对医疗、养生也提出了自己独到的见解。道教主张清静无为、形神兼养等养生方法；儒家主张调摄精神、护养身体、饮食保健等养生方法；杂家主张只有养生才能长寿，养生者要顺应自然规律，发挥主观能动性，经常活动身体。

三、标志性著作

《周易》以阴阳观认识自然界的规律，立足于人类自身，探索宇宙变化规律，探求生命奥秘，挖掘生命本质，为养生学的发展提供了理论基础。

《山海经》中描述药物百余种，其中櫰木、枥木等具有强壮身体、增强记忆力、延年益寿的功效。这些知识为后世养生家、医家开阔了思路。

第三节　奠基于秦汉

秦汉时期，随着大量的医疗、医养实践展开，出现了影响极大的诸多重要理论和人物。

一、标志性事件

1. 思想的传承

先秦的医学、农牧等实用书籍幸免于秦始皇“焚书坑儒”之难，为后来医学的发展保存了珍贵资料。

秦汉时期，统治者追求养生长寿，大批养生家和养生思想、著作涌现。

西汉末年，佛教传入中国，经过与中国文化的融合发展，禅定、身体和谐、改善环境、节制欲念等养生理念及实践陆续出现。

哲学、价值观及宗教观对医养的发展影响深远。很多医学著作出现并随着实践的增多不断提升质量。养生思想也因统治者的长生追求获得发展。

2. 制度的雏形

一是师徒相授制度成为常见的培训医师的方法，虽然是家庭传授，但是确保了稳定的传承及经验的积累。

二是形成了以考试形式确认合格医师的制度，如汉元帝在公元前43年要求医务官员必须通过考核。这个考试以衡量医师的道德水平为第一标准，说明古人很早就把“医者仁心”作为从业资格的重要评判。

同时，除宫廷御用医师外，军队和地方也有医官。

二、标志性人物

西汉初年的淳于意精于医道，特别注意记录病案，西汉末年的伍宏和东汉初的郭玉也是当时名医，擅长针灸。

张仲景是东汉末年名医，被尊称“医圣”。他确立了辨证论治的原则，奠定了中医治疗的基础。张仲景认为养生应该在顺应四时变化、导引以及调节饮食三方面下功夫。

华佗是东汉末民间名医。相传其成就一是发明“麻沸散”，用于外科手术；二是发明“五禽戏”，模仿虎、鹿、熊、猿及鸟的动作姿态保健强身，是医养中的体育健身方法。华佗的弟子吴普、樊阿是三国时的名医。相传吴普习华佗导引之术活到了90岁，并且耳聪目明，牙齿完整。樊阿则精于针刺之术。

东汉王充在其所著《论衡》中指出：“若夫强弱夭寿，以百为数，不至百者，气自不足也。夫禀气渥则其体强，体强则其命长；气薄则其体弱，体弱则命短，命短则多病，寿短。”提出了要厚积禀气以延长寿命的理念。同时，他还认为生育过多会影响自身和下一代的健康。其理念丰富了养生与优生的知识。

三、标志性著作

《黄帝内经》虽托黄帝之名，但较为公认的是其成书于西汉，作者亦为多人。该书反映了秦汉以前的医学成就，由《素问》及《灵枢》两部分合成。《黄帝内经》是中医学理论的基础，内容非常丰富，除了医学，亦阐述道德、哲学。书中有对养生学、医学知识的总结，对人的生理功能、人与自然的关系进行了深刻的探讨，提出了顺应自然等养生原则及针灸等养生方法。正是《黄帝内经》提出“上工治未病”，形成了十分先进的医养理论。

《黄帝内经》认为生命与自然界息息相关，强调要适应自然变化；总结了人体不同年龄阶段和不同生理阶段的变化规律和生理特点；初步建立了抗老防衰及老年病防治的理论基础；提出了很多重要的养生原则和养生方法，如调和阴阳，濡养脏腑、疏通气血、形神兼养、顺应自然等原则，还有调情志、慎起居、适寒温、和五味、节房事、针灸等方法。

《神农本草经》成书于汉代。在农业社会，对农作物及各种草木植物的知识记录对生产发展有突出作用。本书是对草药的细分记录，托名“神农”而作，是中国早期的完整中药学文献。书中提出了上、中、下三品药的分类，认为上药可以作为食物长期服用，用以滋补养生。书中记载的人参、黄芪、茯苓、地黄、杜仲、枸杞等均为强身益寿之品，为“药食同源”奠定了理论基础。

《伤寒杂病论》为张仲景所著，在宋朝被重新编写，并分为《伤寒论》及《金匮要略》。《伤寒杂病论》集秦汉以来医药理论之大成，并被广泛应用于医疗实践，是我国医学史上影响最大的古典医著之一。本书中的针刺、灸烙、温熨、药摩、吹耳等治疗方法，为医养技法的发展提供了有益参考。

马王堆汉墓出土的《导引图》应为西汉早期作品，绘有40余种姿态图像，内容为健身动作。

第四节　成型于隋唐

隋唐时期我国的政治、经济、文化高度繁荣，医养学在继承前代成果的基础上，获得了进一步发展。

一、标志性事件

太医署是我国古代的医疗机构，唐代的太医署于公元624年建立，由行政、教学、医疗及药工四部组成。

医学教育方面形成了完整的教学体系，包括医科、针科、按摩科及咒禁科。学生要先学习系统的基础理论课程，包括学习《素问》《神农本草经》《脉经》《甲乙经》等，然后进行临床实践的学习，包括内科、儿科、外科、耳鼻口齿科及拔火罐科等。

京城设有药园，招收学生学习种植及制作药材，以培养药学人才。

太医署对学生的考核极为严格，每月、每季度、每年都有考试，不合格者会被退学。设立了极为先进的结果导向机制，即医师升迁取决于其对患者的治愈成功率。

二、标志性人物

唐代药学家孙思邈开创了医养调理的先河。他继承和发展了《黄帝内经》“治未病”的思想，提出“养性”之说，认为最好的治疗方案是预防疾病的发生，会调养身体的医师比会治病的医师更加重要。

孙思邈旗帜鲜明地反对魏晋时期流行的炼丹和服用丹药，倡导通过积极锻炼养生提升人体的健康素质，如气功、体操及推拿。他认为要保持健康的饮食习惯，重视饮食治疗更甚于药物治疗。

孙思邈认为饮食是养生防病的重要手段，其所著《千金要方》收录食养、食疗食物154种，分谷米、蔬菜、果实、鸟兽四类，奠定了我国食养学的基础，对后世产生了重大影响。他非常重视妇幼保健，主张对妇女儿童疾病要单独设科治疗。

孙思邈对中国药物学发展有突出贡献，被后人尊称为“药王”。他对养生功法也颇有心得，收集、整理了儒、释、道各家的养生理论及养生之术，不仅丰富了养生内容，也使这些资料得以流传于世。

三、标志性著作

《诸病源候论》，又称《巢氏病源》，由隋代巢元方等人编撰而成，保存了我国古代很多珍贵的医学资料，学术价值很高。

孙思邈所著《千金要方》系统总结了唐以前的医学成就。全书共30卷，涉及门类较多，包括针灸、食疗、药物、预防、卫生保健等。《千金要方》是我国第一部理法方药俱全的医学著作，被誉为我国历史上最早的临床医学百科全书。

《月王药诊》是现存最早的藏医药经典，成书于公元8世纪中期。书中提出疾病的起因是起居不适、生活不当，还对食物的营养疗法做了评述，对食物和药物中毒和预防也做了记载。

《食疗本草》是唐代记述可供食用又能疗病的本草专著。

《理伤续断方》是唐代的骨伤科专著，对后世骨伤科的发展产生了很大影响。

第五节 充实于宋元

宋元时期，技术的进步为保健养生的发展提供了有利条件，如活字印刷对医学著述的传播起到了促进作用。

一、标志性事件

1. 针灸学的发展

北宋医官王惟一设计制作了两具针灸铜人模型，外刻经络腧穴，内置脏腑，作为教学和考核针灸师之用。针灸学著作有《新铸铜人腧穴针灸图经》《针灸资生经》《十四经发挥》等。出现了子午流注针法，主张根据时间选择不同穴位进行针灸治疗。

2. 老年养生的发展

宋元医家、养生家集成前人经验，根据老年人的生理特点，推动了老年养生的发展。先进的观点包括老年人要学会心理保健，维持心理健康是杜绝疾病的重要原则；要饮食适当，避免摄入不恰当的食物以保养精气；重视起居护养，合理安排作息时间、行动坐卧；要为老年人提供便利条件；采用温和、平顺、补虚的药物促进食欲等。

3. 食养方法的发展

一是继承和发展了“四时味养”理论，对四季变化与食物摄入的结合做了详细的分类阐述，使食养理论更加具体深化。二是食养和食疗方法更加丰富，出现了图文并茂的专著。

二、标志性人物

金元四大家——刘完素、张从正、李杲、朱震亨，分别代表了寒凉派、攻下派、温补派、养阴派。

刘完素认为养生重在养气，强调发挥摄养的主观能动性就可以强身健体、延年益寿。张从正主张祛邪扶正，提出“养生当用食补，治病当用药攻”，他特别重视人与社会环境的整体观、人体和情绪的整体观，在养生保健方面提出了调饮食、施药物、戒房劳、练气功等方法，认为“君子贵流不贵滞”。李杲关注调理脾胃，认为元气损耗是夭折的原因，合理饮食、平稳情绪及调补保养可达到保护脾胃、滋养元气的目的。朱震亨力主阴气保养，从阴阳调和的角度看待治疗养生，主张以滋阴为重点，以阴精的盈余调和阳火的虚旺。

他们四人从不同的角度对养生进行了研究，汇集而成相对完整的养生理论方法体系。

三、标志性著作

《圣济总录》是北宋末年官方整理汇编的综合医书，全书涉及内、外、妇、儿、五官、针灸、养生、杂治等66门。书中对养生保健的一些方法做了相当详尽的介绍。

《太平圣惠方》是宋代宫廷汇编的方剂类书籍，记载了许多养生保健的内容，注重药物与食物相结合的治疗方法，收录了药粥、药酒等配方。

《饮膳正要》为元代饮膳太医忽思慧所撰。此书从健康人的实际饮食需要出发，以正常人膳食标准立论，编制了一套饮食卫生法则，特别提倡中庸之道，认为饮食要平均配合，不可过量。书中还具体阐述了饮食卫生，营养疗法，乃至食物中毒的防治等。此书是我国现存第一部完整的饮食卫生和食疗专书，也是一部颇有价值的古代食谱。

第六节　发展于明清

明清时期很多医家重视实践，勇于创新，丰富和完善了养生学的内容。这个时期是养生保健著作编纂的鼎盛时期，传播力度也达到了空前水平。

一、标志性事件

1. 综合调养成为主流

明清的养生家都强调身体的全面综合调理，在保养理念上各有侧重。李中梓提出养心说、养肝说、养脾说、养肺说、养肾说，完善了五脏调养理论。高濂提出了养心坐功法、养肝坐功法、养脾坐功法、养肺坐功法、养肾坐功法，丰富了调养五脏学说。这些养生家认为综合调理应当简单、易行、方便，提倡膏、药外贴，药浴等。还提出要注意生活起居、陶冶性情。

2. 倡导运动健身

历代养生家都十分重视运动养生，导引、气功、按摩成为动形养生的三大支柱。动静结合的养生理论和方法在明清时期被进一步明确提出。导引之术与武术相结合，对保健养生发挥了积极作用。

3. 天花的防治

明朝时人们已经懂得预防天花的方法。清初俞茂鲲《痘科金镜赋集解》一书提及的人痘接种法在明代已经施行。

二、标志性人物

明代李时珍在总结前人成就的基础上，对医药养生形成比较完整的体系做出了贡献。他推崇李东垣有关脾胃之说，主张老年人应培补元气，调理脾胃，升发清阳，多用温补之剂以延年益寿。

曹庭栋是清代养生家，重视通过运动达到养生目的。他针对老年养生创立了独到的“卧功、坐功、立功”，对散步的作用和方法有专门的论述，认为散步有助于睡眠，强调了动静结合的重要性。

三、标志性著作

李时珍所著《本草纲目》总结了我国药物学知识，对药物进行了系统分类。《本草纲目》对于药饵和食养的论述极为丰富，提供了有关饮食药物养生的丰富资料，还收集了很多食疗方法。

明代万全所著《养生四要》在广泛收集前代养生知识的基础上，结合实践经验，总结提炼了“寡欲”“慎动”“法时”“却疾”养生四法，是对古代长寿理论的一次归纳和提升。

第七节　提升于近现代

近代以来，随着西方医学知识的引进，传统养生学的发展放缓，但还是取得了不少成果，蒋维侨的《因是子静坐法》、席裕康的《内外功图说辑要》、任廷芳的《延寿新书》、胡宣明的《摄生论》、沈宗元的《中国养生说集览》等。

中华人民共和国成立以来，传统的养生保健得到了发展，出现了蓬勃向上的局面。

一是持续深入研究保健养生理论，同时从中西医角度进行多方面的探索。

二是形成了人才培养系统，各地中高等医学院校纷纷开设了关于养生保健的课程。

三是开展学术交流活动，积极举办各类学术研讨会，推广养神、动形、食养、药饵、气功、针灸、推拿按摩等方面的知识。

中医养生学的形成和发展经历了漫长的岁月，历代养生家、医家和广大劳动人民通过长期的防病保健实践，不断丰富和发展养生保健知识，逐步形成了较为完整的理论体系和系统的养生方法，并在世界范围内产生了深刻的影响。

第四章

轻医养理论基础

第一节　轻医养的哲学观

轻医养的哲学观是“透过现象看本质”，研究和探索轻医养的内在规律。

轻医养的哲学观是建立在人体的生理规律和对生命的思考之上的。轻医养的目的是改善人的身体素质，提高生命质量，增进身心健康。

一、系统观

1. 人体是一个系统

人的身体是一个有机的整体，可以说，人体是世界上最精密的机器。正如某个零件出了问题，机器就会运转不畅，人体的某个器官出现毛病，就会反映到生理表现上。系统出现问题，必然要以系统的角度观察，只有建立系统思维，轻医养才有实现“治未病”目标的基础。

2. 系统的动力供给

有系统就会有驱动系统运转的动力存在。人体系统的运转动力来自内部，但是由外部摄入能量转化形成的。想要形成持续不断的动力驱动，就要有持续不断的动力摄入和动力转换，轻医养研究的就是促进这些正常运转的方法。

3. 系统的变化规律

系统的变化符合一定的逻辑规律，即有前因后果及变化的推导。具体来讲，就是要辩证地看问题，不可仅就事论事；要辩证地对待系统变化，由局部到整体为解决问题找到依据和答案。

轻医养借鉴传统的五行观解释外部世界，关注大自然的变化规律，认为人体也要顺应自然的变化规律，在饮食起居上遵循自然法则，形成与外界的良好互动，促进身心健康。

二、对立和统一

1. 阴阳观

阴与阳是既对立又统一，并且能够互相转化的概念，它们之间的关系反映了万事万物最根本的运动变化规律。阴阳观也可以作为人体追求平衡的一种观念。中医以阴阳为总纲，表、实、热属阳；里、虚、寒属阴，阴阳失调，就会引起疾病。

2. 动静观

动静观可以视为阴阳观的具体化。动具有普遍性、绝对性和永恒性，静则是相对动而言的。绝对的动包含着相对的静，相对的静藏于绝对的动之中，由此形成平衡关系。

轻医养提倡的是动静结合，动静相宜。要通过运动促进人体机能、气血的顺畅流通，避免瘀滞、凝结；也要通过静养，积蓄能量，避免过度的消耗导致人体的动力供给不足。动，可以理解为生理上的动，动也要有节制；静，可以理解为心神上的静，静的同时也要活跃。

三、中和观

系统、五行、阴阳、动静，最终都要达到一种最佳状态，也就是“致中和”。“调节以达到中和”，使身体平衡、和谐、适中是轻医养追求的最佳效果。

“中”，可以看作追求心态平稳，没有大起大落的情绪；“和”，可以看作即使产生情感波动，但最终能控制在一个范围内，不会过度。中和观告诉我们，凡事都不能走极端，要维持整体平衡。

首先，人与自然要中和。人是自然界的一部分，就必然要与自然和谐相处。人在春夏秋冬、昼夜更替中经历自身的生老病死，就必然要在这种更替中顺时调节自身的生活。

其次，人与社会要中和。人生活在社会中，积极融入社会，与社会以中和之道相处，才有利于提高生命质量。家庭环境是社会环境的缩影，维持美好的家庭环境是实现中和的基础。

最后，人与自身要中和。人体的各个组成部分在结构和功能上要和谐统一，能够像一架高度精密的仪器那样运转。

第二节　轻医养的生命观

生命对每个人来说只有一次，是最为宝贵的。如何正确认识生命、对待生命以及把握生命，是每个人都必须要面对的事情。只有真心尊重生命、热爱生命，才能保持生命的活力。

一、尊重生命的本源

生命起源于自然，经历了从无到有的过程。生命是最宝贵的，人只有尊重、热爱生命，才会尊重、热爱其他人。

热爱生命能够提升人的同理心，学会设身处地换位思考。热爱生命同样能够提升人的自我价值，正是有了对生命的探索，才有了对其他一切的思考。热爱生命能够让人找到人生的边界感，从而活得更加有意义。

二、把握生命的规律

从出生到成长、从幼弱到壮实、从衰老到死亡，生命自有其规律。

1. 对待生命要有平常心

生老病死是谁也不能改变的事情，最重要的是平稳地走过这个过程。事物最佳的状态就是平稳、平衡，保持平常心，可促进人体的相对平衡。

2. 对待生命要有仁德心

古人把修德作为人生的一项重要内容，孔子即曾提出“仁者寿”。修仁德，即提高品德修养和完善自我人格，内心坦荡光明，人就会轻松愉悦，情绪也会高昂饱满，反映在身体上就有益于健康长寿。注重道德修养，塑造美好心灵，追求高尚的生活情趣，是身心健康的保证。

3. 对待生命要从简单出发

从简单出发的意思是：回归生命的规律。保持身体健康，就要顺应自然和人体的规律，比如困了就要睡觉，渴了就要喝水，冷了就要加衣服，不可随意放纵欲望或者强行抑制本能。

4. 对待生命要辩证认知

我们既要看到生命的美好，也要接受死亡的必然，以无限的热爱投入有限的生命中去。

三、提升生命的质量

生命有质量才能实现人生的价值。健康的身体、敏锐的思维、充沛的精力与强大的精神是生命质量的保证。

1. 延伸生命的长度

延伸生命长度的基础是身体长期保持在最佳状态：生生不息和循环往复。

2. 拓展生命的宽度

生命的宽度就是要有良好的心态。《黄帝内经·素问》指出，七情六欲会导致疾病的发生。精神、情志如果没有在最佳状态，就会导致人体处于亚健康的状态。要能够正确面对消极情绪，能够尽快转移负面能量，用积极向上的兴趣爱好去充实自己的生活、陶冶情操，让精神有所寄托，保证身心健康。

3. 挖掘生命的深度

生命的深度是什么？应该是一种思考和探索，让自己有质量、有价值地活着，成为能贡献价值的人而不只是资源的消耗者。

当你真正能够把这些认知融会贯通，化为己用的时候，自然就会热爱生命、敬畏死亡，从而形成正确的防病治病、养生保健的生活方式。

第三节　轻医养的自然观

生命从诞生的那一刻起，就与自然共存。人类研究、适应、改造自然，在漫长的历史进程中形成了对自然各种各样的认知。轻医养的自然观，是将自然与人体视为同种规律的不同呈现：人是自然的微观映射，自然是人的宏观放大，即“天人合一”。

一、怎样认识天人合一

1. 天人合一的基本含义

人与自然是紧密连接在一起的，人类遵守昼夜、节气的变化起卧、劳作；人类依赖着大自然，从大自然中吸取能量（阳光、空气）。人类应该敬畏自然，与大自然做朋友。

天人合一不仅指人与自然的和谐相处，还要求人们学会顺应天时、借助地利，最终实现“人和”。天人合一不仅包括人与时间变化、地理环境变化、天气变化的协调，还包括人体内部环境的协调。利用天人合一的思想，可以根据变化调节身体，达到医养的目的。

2. 天人合一的意义

天人合一的思想不仅是传统中医学的理论基础，对现代医学也非常重要。天人合一是一种辩证的思考，贯穿了理论研究与实践探索的整个过程，揭示了复杂与动态变化的客观规律。运用天人合一的理念，借助现代医学的工具可以有针对性地进行身体调养。

3. 天人合一需要以人为本

将天人合一的思想运用于轻医养就是将自然界的规律与人体生理规律进行综合性分析，建立以人为本的医养观念，一切从人的实际出发解决问题。

二、如何做到天人合一

1. 正确认识人体自身

要对人体的形态结构、生理功能和心理特征的差异性有正确的认知。每个人都是独一无二的，每个人的体质也都不尽相同，只有确实了解相同和不同，才能有针对性地调养身体。明确体质的差异性有助于我们更加精准地了解自身，从而让我们能够找到正确的应对方法预防疾病、保持健康。

2. 顺应气候环境的变化

掌握自然界的变化规律，根据自然界的变化来调养自身是天人合一的重要原则。按照自然气候的变化随时调整自身的功能平衡，使之与外界的变化适应，才能保持身心健康。

3. 适应地域环境的变化

地域环境也会对人体健康产生一定影响，俗话讲“水土不服”就是这个道理。例如，南方人到了北方，会干燥上火；北方人到了南方，会感到湿气过重。不注重地域环境的影响，没有及时调整，可能带来很多问题，就容易产生疾病。

第四节　轻医养的健康观

健康是一个相对主观的概念，很多时候，人们是否生病或者是否健康，是以自己的主观感觉为标准的。以下是轻医养的健康观。

一、健康首先是身体健康

我们通常用各种生理指标来衡量人体的健康状况。机体处于正常的运转状态，没有疾病就是健康；机体受到干扰，导致功能下降，生活受到影响，生命受到损害，就是不健康。

有一种介于健康与疾病之间的亚健康状态，没有疾病发作，但因为长期处于不健康的生活环境，身体就会通过各种症状发出警示，如疲乏无力、肢体酸痛、食欲缺乏。忽视这些警示信号，不及时调整，就会产生疾病。所以，在亚健康状态进行身体调养，比发生疾病再治疗更加重要。

二、健康更是心理健康

世界卫生组织多次强调心理健康与生理健康同等重要。1946

年，世界卫生组织成立时提出：健康乃是一种在身体上，心理上和社会上的完满状态，而不仅仅是没有疾病和不虚弱的状态。1984年，提出健康新概念：健康不仅仅是没有病和不虚弱，而是在身体上、心理上和社会适应能力上三方面的完美状态。1990年，提出道德健康概念：健康包括四个方面——身体、心理、社会适应能力与道德。

人的心理机能涉及精神、意识、思维活动以及生命活动的外在表现，是生命活动的主宰。社会适应能力与道德水平归根结底取决于身体和心理的健康素质状况。身体健康是心理健康的物质基础，心理健康是身体健康的精神依凭。良好的心理状态和情绪状况可以促进身体达到最佳状态，反之则容易引起各种不易察觉的疾病。心理健康与身体健康同等重要，甚至某种意义上更加重要。

三、健康的平衡与和谐

轻医养的健康观，就是要促使身心处于一种动态平衡和谐的状态，这种状态表现为身体健康、精力充沛、积极向上。心理健康与身体健康相互依存又相互影响，要通过不断调节，使二者处于长期的、正常的动态平衡之中。人在这种动态的平衡之中，才能达到健康的最佳状态。

当前，对健康的认识逐渐演变为对躯体健康、心理健康、心灵健康、社会健康、智力健康、道德健康、环境健康等多维度的思考，但是健康观念始终是建立在身体和心理健康的基础之上。身心健康的统一是轻医养最根本的追求。

四、影响健康的关键因素

1. 基因

现代医学证明，人的体质、性格会受到基因的影响，通过基因检测，可以推断一个人容易患上哪一方面的疾病，也可由此向人们提供个性化健康指导。

2. 外部环境

外部环境包括社会环境和自然环境。相比较而言，社会环境对人体健康的影响要稍大于自然环境。可以说，人大部分时间是同社会环境在交流、交换。因而学会应对社会环境变化，及时调养身心健康尤为重要。

3. 医疗康养

医疗、康养、保健等都是辅助、促进健康的手段，但认为依靠医疗、康养、保健就能获得健康的理解显然是片面的。

4. 生活习惯

良好的生活习惯有利于预防疾病、健康长寿，错误的生活习惯有损健康。

第五节 轻医养的疾病观

治未病是中医的重要思想。“预防为主”是我国卫生工作的基本方针之一，国家还逐步实施推广“治未病”健康工程。轻医养的首要宗旨也正是“治未病”。

一、治未病

《黄帝内经》指出：“圣人不治已病治未病”，将未病先防的理念作为高水平的医养指导思想明确了下来。《金匮要略》提出了既病防变理论，即疾病发生后应早诊断、早治疗，以防止疾病发展。民间习俗端午时节用艾草驱虫，每当冬天到来时候的“冬令进补”，包括日常戴口罩、勤洗手等，都是治未病理念的实践。

治未病在轻医养中的具体呈现是通过合理的膳食调节、作息调节、运动调节等，将人们的健康水平保持在良好稳定的状态，远离疾病的发生。治未病，是养生保健的最高境界。

1. 未病先防

在疾病发生之前，做好各种预防工作以防止疾病的发生。首先要做到饮食有节制，不暴饮暴食；起居有规律，不颠倒昼夜；工作有控制，不透支生命。其次要做到顺应天时、顺应自然，控制好自己的情绪、欲望等。这些都是为了减少不良因素对人体的侵害，保证不发病或者增强抵抗力。

一方面，要增强人体对疾病的抵抗力。主动采取养生措施以应对各种变化，避免来自内外环境的不良刺激，提高人体自身的调节能力。另一方面要及时躲避各种侵害，如夏日防暑，秋天防燥，冬天防寒等。

轻医养的未病先防包括调养精神、律动锻炼、合理饮食（药食同源）、保健养生等丰富内容。例如，通过规范的拍打、按摩等方式，在短时间内缓解疲劳感；利用膳食的合理搭配，调整营养结构。

2. 愈后防复

做到愈后防复，要注意饮食、睡眠、心理、运动等几个方面。饮食方面要多吃清淡且容易消化的食物，不可过量食用油腻生冷的食物，要注意营养均衡。睡眠方面要早睡早起，养成规律。运动方面要静养慢调，不做消耗大的剧烈运动。心理方面要保持积极、乐观、向上的情绪。

二、医非病

医非病，从字面意思理解，是治疗“不是病的病”的意思。非病，是一种亚健康状态。打个比方：虽然自行车的轮胎缺气了，自行车还可以勉强骑行，但是我们要及时打气，避免带来更大的损害。医非病就是“借用医治的方式方法”调治、调养、调理、保健、保养。

三、去心病

心病，可以从三个方面理解：一是生理器官上的，即心脏产生了疾病；二是心理神经上的，即神经与精神方面的疾病，体现在情绪上；三是态度上的，即“我以为我有病”，是一种思维认知。轻医养的去心病观念，主要是从“养”的角度对心病进行调理、调养。

第五章

轻医养业态标准

轻松、便利、有效，既是轻医养的衡量标准，也是轻医养的价值主张。首先，轻医养的目的就是让人感到身心轻松，这是用户对消费体验的要求；其次，轻医养的方式要便利，包括服务获取方式、发展传播方式等；最后，有效果是最终目的，没有效果的医养服务没有价值。

第一节　轻松

轻松的定义是：不感到有负担；不紧张，轻松愉快。

一、用户的角度

轻医养可让用户以轻松的方式缓解身体和心理的沉重感。

较短的时间。摒弃传统按摩、足疗、养生、推拿、保健动辄几十分钟的服务时长，匹配快节奏生活人群的时间需求，通过技术创新与研发，在10分钟至15分钟内，以拍打、律动等技术手法配合环境调节，让身体的沉重感得到迅速缓解，提高服务效率。

较低的费用。轻医养以每人每次几十元的服务价格，让大众都可以享受高质量的医养调理服务。

轻松的心态。在获得服务的同时，拒绝办卡、搭售等营销手段。宗旨是让用户感到身心放松，排除用户的顾虑和心理负担。

二、从业者的角度

轻松之于从业者，就是要让从业者享受为人们健康提供服务的快乐，降低从业者负担。

1. 服务技术标准化

传统服务的效果过于依赖养生师、技师的个人能力、经验、水平，而轻医养的服务效果来自技术的标准化和规范化。

2. 营业成本降低

经营中医馆、养生馆的成本通常较高，轻医养提倡低成本开店的模式，门店选在社区，面积几十平方米足够，服务人员不需要太多，2至3人即可，同时不需要过多的专业设备。这样一次性投入的成本为十几万元，降低了入门难度。

3. 管理成本降低

场地面积、服务人员数量大幅减少，相应的管理成本也减少了。轻医养同时降低了医养服务获取和医养服务供给的成本，以提供医养产品为主，以提供医养技术服务为辅。

4. 轻松的经营方式

用户是消费者，同时也能成为传播者和推广者，产品能够获得复购和介绍，经营就变得轻松起来。

第二节　便利

便利，指方便、容易达到目的。轻医养的便利性体现在服务供给及获取方式上。一言以蔽之：轻医养要为用户提供一站式的医养解决方案，并且使用户能够更加方便地获取。

也就是说，便利首先体现在用户层面，即获取服务的便利性；其次体现在从业者层面，即让从业者经营管理更加便利。

一、用户的便利性

轻医养服务的对象是广大人民群众，所以必然要在最贴近群众的地方开展服务。

1. 扎根于终端

轻医养的服务终端设计为地处用户步行10分钟内可到达的范围。开设在商圈内、写字楼附近等地点，用户可以利用逛街或者上班间隙体验服务；也可开设在居民小区、街道社区等地点，用户可利用周末或者下班后的碎片时间体验服务。用户不需要专门去养生店、中医馆，轻松的医养服务就在身边。

2. 多样化的体验

多样化的体验可以显著提高用户接受医养服务的效率，人均15分钟以内即可体验一项完整的医养服务。

针对不同人的体质特点，结合艾灸、推拿、拔罐、刮痧、敷贴、律动、美容美体等方式，轻医养可提供数十种在较短时间内就可以有效缓解人体疲劳的服务。轻医养以规范化的技术标准，提供个性化的有效服务，既保证了服务的质量，又提高了服务体验的可复制性。

产品的多样化还体现在消费者可以购买产品带回家里使用，十分方便。

3. 满足需求的服务时间

服务终端的营业时间是从早上九点到晚上九点，可以满足人们的时间需求。上班感觉到精力不足、休闲娱乐时感到体力欠缺、下班后感到身体疲倦的时候，都可以到轻医养终端放松一下。

4. 标准化的体验

每一个服务终端的产品都是标准化的，不会出现因为操作人员不同而服务质量参差不齐的状况。无论是在哪一家服务终端，用户只要选择相同的轻医养服务，体验感就是相同的。

二、从业者的便利性

对轻医养的从业者，最大的便利性就是能够实现轻松入门。

1. 产品及服务研发

轻医养产品及服务研发来自对用户需求的把握。轻医养企业可向终端门店提供多种类的服务及多品类的产品选择，各门店可以根据自己所在区域用户的需求选择、更替产品和服务，保持对用户的吸引力。这些产品及服务的研发，一方面基于成熟的技术，另一方面基于自主研发能力，最大限度地整合医养供给环节，以更好地匹配从业者和消费者。

2. 完善的赋能体系

轻医养企业可统一门店的后台系统、商标、品牌及服务供给，为从业者提供相应的培训、咨询乃至资金支持。从选址、开业到日常营业，提供全程的咨询服务。为从业者提供经营技术支持，通过培训赋能，提高从业者的经营能力。为从业者提供管理支持，为门店提供相应的技术人员及产品服务指导。所有一切都为门店从业者提供了便利性。

3. 数据驱动与支持

轻医养企业总部与各门店可构筑强大的信息交换网络，总部每天都保持一定的频率处理与分析各门店经营数据。通过强大的数据处理分析能力清楚掌握各门店的运营状况并迅速做出应对。大数据运营可以降低对门店店长运营经验的依赖，实现更加精准的管理。

4. 品质与品牌塑造

轻医养企业总部可严格把控产品的供应链管理，确保产品的使用品质；严格把控服务技术的规范标准，确保服务的体验品质。同时，总部可进行统一的品牌宣传推广，也能在各门店开业、促销、让利等活动方面给予统一的指导支持。

第三节　有效

所有的医养服务必须要达到一个最终目的，那就是“有效”，把人的身体从亚健康状态调整恢复到健康状态，在实现“有效”的过程中，实现用户与从业者的共赢。

一、用户角度看“有效”

1. 强身健体

正确的医养方法能够对很多疾病起到一定的预防作用。医养还能够提高人体的免疫力，有效缓解人体疲劳感。

2. 稳定情绪

轻医养可以帮助消费者稳定情绪，减少忧虑、烦恼和抑郁。人的精神放松了，身体就能够放松，也会更健康。

二、从业者角度看“有效”

从从业者角度来看，让从业者获利，让从业者更加热爱轻医养事业，是最大的“有效”。

通过提供轻医养服务，使用户的身体状况得到改善，从业者自身的价值获得了认可，从而能够更加激发对轻医养事业的使命感与认同感。让生命更有质量是每个轻医养从业者的责任和义务。

从事轻医养行业可以获取合理利润。轻医养行业不是暴利行业，也不是红海竞争行业，而是一个共利共赢的行业。轻医养提倡的是通过自己的勤奋劳动为他人提供服务以赚取相应的劳动报酬。产业链的每一个环节上都是互惠共生的状态。

第六章

轻医养产品设计

产品是一个企业乃至行业的生存发展之本。商业行为的本质是价值交换，而价值需要产品这个载体来实现。没有产品，价值就无法体现，商业行为就无从发生。

好的产品要能够满足用户的需求，无论这种需求是挖掘出来的还是引导出来的，都需要产品满足。好的产品要有过硬的品质，要能够展示企业的品牌。产品是一个媒介，在万物皆媒介的时代，产品就是最好的传播工具，也是最能体现企业品牌价值的工具。

产品之于企业，不仅指某个或某几个产品，而是指整个产品系统。一是产品要能进行相关或者跨界延伸，形成产品价值链。二是产品能够形成关联产品群或组合产品群，形成产品的生态矩阵。三是围绕产品价值链和产品生态矩阵形成企业新的商业模式。如此，产品才有生命力。

第一节　产品划分

产品从不同的角度有不同的分类方式。从价值交换与商业化的角度，可以分为流量产品、利润产品、品牌产品和战略产品。

一、流量产品的概念及特点

以成本、传播优势构筑爆品，吸引用户，抢占市场的产品都可称为流量产品。流量产品以薄利多销甚至“无利”“赠品”作为“卖点”，吸引流量。企业打造流量产品的目的不是赚取利润，而是要通过流量产品吸引用户，把用户变成企业的“粉丝”。流量产品要能够迅速引起用户注意，引发用户对产品乃至企业的兴趣。流量产品有以下特点。

1. 创新性

没有创新性，就没有吸引力。创新性不是无中生有的，而是从既有价值中找到被忽视的内容、方向，从用户的痛点出发进行整合以吸引用户注意力。

2. 高性价比

性价比一定要高，这样才能形成规模，形成流量。性能要切实满足痛点需求，价格要感动人心，90%的人都能买得起。高性价比体现的是对产品技术、生产熟练度和供应链的高效率管理。

3. 易传播

特别要重视用户体验后的口碑相传，用户愿意分享，才证明产品真正打动了用户。口碑相传是最容易引爆的方式。

二、利润产品的概念及特点

利润产品就是能赚取大量利润的产品，有以下特点。

1. 优质利润率

利润产品必须能形成利润，不仅不能“赔本赚吆喝”，还要有足够的销售量，没有足够的销售量，仅是利润率高也没用。产品的利润率来自产品的溢价和议价。溢价指超出市场同类产品的平均价格，议价指区别于市场同类产品的定价权。溢价和议价能力来自用户对产品的认可。一定要让自己的产品做到既能打动用户，又让能让用户愿意购买。

2. 具有稳定性

首先是产品质量的稳定性。其次是产品供应的稳定性，利润产品要保持长时间的大额销量，就必须保证供货充足，这考验的是对供应链的管理能力、库存能力和资源整合能力。

三、品牌产品的概念及特点

品牌产品质量好、功能强、价格贵，能够诠释企业品牌。虽然品牌产品不是企业利润的主要来源，但它可以展示品牌能力，拉升品牌档次。品牌产品有以下功能。

1. 拉升企业形象

品牌产品能够证明企业的综合实力，包括研发、设计、制造、价值主张等能力。

2. 制造比较效应

品牌产品与流量产品、利润产品一起构成产品矩阵，能够在用户心中形成价值锚点，引导用户倾向于购买利润产品，提高企业利润。

3. 满足高端需求

品牌产品能够吸引高端消费群体成为企业用户，这些高端用户又能够在无形中发挥示范作用。同时，树立企业的高端形象，可以倒逼企业在研发、设计、生产、营销各方面能力的升级。

四、战略产品的概念及特点

战略产品蕴含巨大潜力，能够形成未来价值的支点。战略产品是用未来的眼光审视现在，根据未来的发展趋势或方向研发的产品。战略产品带有探索和尝试的性质，其价值和意义更多地体现在未来。战略产品有以下特点。

1. 超前性

战略产品对企业未来发展具有价值和意义，其关注的不是当下市场而是未来市场。消费者的习惯一旦被教育形成，战略产品就可能成为产品矩阵中的核心产品，并转化为利润产品。

2. 竞争性

开发部分战略产品可形成对利润产品的保护，减弱同类竞争产品对利润产品的冲击。

3. 差异性

战略产品所具有的差异性是绝对的，不是相对的，一定是人无我有的。这种差异性一是体现对战略的执行与探索；二是尝试找到新的细分市场和细分用户，避开红海竞争。

第二节 产品体系

产品包括有形的物品、无形的服务、组织、观念或它们的组合。按照一定的秩序和内部联系组合而成的产品整体就是产品体系。轻医养产品体系的设计以轻医养理论为根基，倡导“以艾扶阳，轻简医养；中医为根，实效健康”，可分为“轻系列”“医系列”“养系列”“美系列”“智系列”。

一、轻系列

轻系列产品主打“快速、简单、有效”，用户可以在轻医养门店体验，也可以购买产品自行按照说明使用。轻系列共设计8个品类。“贴一贴”指具有疏通经络、改善局部血液循环功效的贴敷产品，可通过加快局部的血液循环，促进代谢物排出体外，减轻局部症状。“按一按”指运用标准手法，简化传统按摩推拿繁杂环节，十分钟按摩养生的产品，按摩易于操作，还可以减轻精神压力。“泡一泡”指通过泡脚促进血液循环，祛除体内寒气，改善手脚发凉等症状的产品。“敷一敷”是主要针对腰部问题的艾灸产品，可以系在腰部舒经通络，活血通经，祛风散寒。“喷一喷”指艾灸气雾剂产品，哪里疼喷哪里，直接作用于身体不舒服的地方，再辅以局部按摩，更有利于吸收。“灸一灸”指用艾条畅通经络、活血散瘀，消炎镇痛的产品。“品一品”产品指融合岭南工夫茶与艾草的艾茶，有利于加快血液循环，促进身体的新陈代谢。“闻一闻”指沉香与艾草融合的香疗产品。

二、医系列

医系列是侧重病前医养调理的产品。

“四季中医调理”产品以传统中医理论为指导，遵循阴阳五行四季变化规律，对人体进行科学调养。通过怡养心神，调摄情志、调剂生活等方法，达到保养身体、减少疾病、增进健康的目的。“微针”产品主要用于皮肤保养；“气血灸”产品以调和气血、平衡阴阳为核心，借助野生艾的药性，以正确地疏通和施灸方法调节人体机能。

三、养系列

“养”需要长期坚持，要从用户角度形成周期性的、有针对性的“养”计划。轻医养的养系列产品以六经归经为核心，对肝胆艾、脾胃艾、膀胱肾艾等技能与服务建立标准，设计六经归经养生系列产品。

四、美系列

爱美是人的天性，轻医养针对细分市场需求，设计了美系列产品，包括私密保养方案、排毒养颜方案、纤体瘦身方案、明眸眼部方案，等等。

五、智系列

智系列产品借助仪器，使医养服务更精准有效，同时降低了人工成本。

艾灸机器人继承了古法灸疗的操作方式和手法，保障艾灸功效的同时合理运用人工智能、机器人和大数据等技术，在解决烟味、人工占用等痛点问题的基础上，提供更个性化、更精准的艾灸康养方案，满足新时代人们对健康的更高需求。采用先进的机器人技术、精密传感技术、自动控制技术及安全控制技术，可完成确定穴位、实战灸术、温度监控、自动除灰、防误触碰等艾灸服务工作。

多功能艾灸仪将用艾绒制备好的专用艾柱或艾饼，安置在具有发热元件及磁化装置的艾腔中，将灸头直接用可调整松紧的缚带固定在被灸穴位上，艾柱或艾饼被加热后，人体的皮肤同时被加热，汗毛孔舒张，从而达到治疗和保健目的。

第七章

轻医养产业链

产业链，指从原材料到消费者手中产品的整个产业链条，是各部门基于一定的技术经济关联，并依据特定的逻辑关系和时空布局客观形成的链条式关联关系形态。产业链是一个包括价值链、企业链、供需链和空间链四个维度的概念。这四个维度在相互对接的过程中形成产业链，这种对接机制是产业链形成的内在模式，它像一只“无形之手”调控着产业链。

产业链的本质是具有某种内在联系的企业群结构，它是一个相对宏观的概念，存在两维属性：结构属性和价值属性。产业链中存在大量上下游关系和价值交换，上游环节向下游环节输送产品或服务，下游环节向上游环节反馈信息。

第一节　理解产业链

一、狭义产业链

狭义产业链指从原材料一直到终端产品的各生产部门形成的完整链条，主要面向具体生产制造环节。

1. 产业链上游

产业链上游是产业链的起点，主要由提供原材料和制造生产基础零部件的企业组成。因为是产业链的起点，带有基石属性，所以产业链上游企业具有所输出产品的相对议价权，一般来讲利润丰厚，竞争不太激烈。产业链上游企业往往经过了若干年的竞争与发展，积累了大量的优势资源和核心技术。企业利用这些资源、技术制定了若干技术标准和行业规则，构建了较高的行业壁垒以阻止新企业进入竞争。

2. 产业链中游

产业链中游以生产中间产品为主，即制造核心部件。产业链中游企业掌握核心技术，并且以强大的生产加工能力形成竞争优势，其他企业或者是没有技术，或者是没有生产加工能力，从而难以参与竞争。产业链中游容易受到上游原材料价格及下游需求的影响，同时也容易受到宏观经济波动的影响。产业链中游企业因为拥有核心的技术与生产能力，所以可以向上下游延伸，形成对产业链的掌控力与影响力。

3. 产业链下游

产业链下游以成品的制造、销售和服务为主。产业链下游企业产品的品牌已经形成，通过品牌形成竞争优势，但较为依赖上、中游环节的供应商能力。产业链下游直接面向消费者，所以也是对消费者需求理解把握最准确的环节。产业链下游企业以市场为导向，更加侧重对品牌、渠道和行业发展的理解与把控。产业链下游的进入壁垒较低，竞争非常激烈。

狭义产业链中，上、中、下游的企业关系连接较为紧密。没有上、中游的企业提供产品支持，中、下游的企业就无法开拓市场和提供服务；没有中、下游企业对市场的投入与产品供应，上、中游企业的基础供应会出现过剩。

二、广义产业链

广义产业链指在面向生产的狭义产业链基础上尽可能地向上、下游拓展延伸形成的产业链。产业链向上游延伸可进入基础产业环节和技术研发环节，向下游拓展则进入市场拓展环节。

在经济一体化与跨界发展的今天，广义的产业链已无明显上、下游区分，某一产业链中的下游企业也可能是另一个产业链中的上游企业。

所以，广义产业链涉及不同产业的企业之间的关联，这种关联的实质是不同价值的交换。价值在不同环节之间流动，在供给与需求中交换。

1. 需求决定供给

需求侧的企业需要能够满足自身需求或者潜在需求的价值，供给侧的企业需要把这种价值提炼出来，以产品或服务的形式向需求侧的企业输出。除垄断和定向输送外，供给侧企业要把自己所理解的价值放到市场中检验；需求侧的企业在市场中挑选产品或服务以满足自身价值的获取。在需求与供给的转换过程中，产业链就自然形成了。

2. 供给影响需求

随着供给侧企业能力不断提升，产业链中部分供需关系会逐渐发生变化。需求侧企业会参与供给侧企业的价值设计与生产过程，供给侧企业则会引领需求侧企业的需求趋势与方向。供给侧企业在满足需求侧企业的同时，会进一步与需求侧企业形成合作模式：不仅满足专业领域的需求，还能进一步满足非专业领域的需求，将供给扩大至专业领域之外。这就为产业链跨界提供了基础保障。

3. 供给与需求相互促进

供给侧企业与需求侧企业共同完成产业链的建设。随着互联网、大数据、云计算技术的发展，信息不对称的成本将会逐步消失，供需双方的价值交换效率会进一步提高，供需双方的相互影响力将进一步提升。在此基础上，供给侧企业与需求侧企业的发展将形成一个相互影响、相互促进的循环过程，产业链结构化发展将日趋完善，产业链平台生态将日益成熟。

第二节 轻医养产业链状况

轻医养产业链的构成相对复杂，以下从广义产业链角度，结合不同产业进行分析，以明确轻医养产业链中的基础产业环节。

一、农业领域

1. 艾草及其他中草药种植

轻医养以中医理论为根基，涉及艾草及其他中草药原料的供给。随着轻医养产业的蓬勃发展，必然要用到大量中草药材料。同时，由于野生资源有限和环境保护的要求，很多中草药材料不能依靠野生采摘，而是要通过大规模、标准化的栽培与种植满足市场需求。

2. 休闲农业

休闲农业包括观光农业、创意农业、教育农业，围绕农业种植进行创意，延伸农业产业价值。比如以主题文化和农村生活文化为核心，吸引游客前来观赏、品尝、购物、习作、体验、休闲、度假，形成一种新型生产经营形态。

二、工业领域

1. 轻医养食品

轻医养食品取材于天然动植物，由先进生产工艺加工，按功能可分为营养补充型、抗氧化型（保健型和延年益寿型）、辅助治疗型等。

2. 轻医养用品

轻医养用品可预防疾病、保持清洁、有助健康，应用于日常生活。例如艾眼贴可有效缓解眼部干燥、发涩症状。

3. 轻医养设备

轻医养设备包括基础设备与智能设备。

基础设备需要人工操作，如养生锤、拉筋板、刺针、检测仪器等。

智能设备依赖少量人工操作或不依赖人工操作。这类设备能够实现自动检测、自动升级、提供轻医养智能服务等功能，可促进轻医养向标准化、规范化发展。

三、服务业领域

1. 轻医养技术研发

轻医养技术包括基本技术与科学技术，前者侧重于传承，后者侧重于创新。

基本技术包括推拿、艾灸、贴敷、针刺、拍打等服务技术。这类技术已形成相对固定的应用实践与传承。

科学技术包括产品研发、设备研发、专利申请等，还包括远程医养、数字医养、医养信息服务等信息化技术的研发与应用。科学技术可提升轻医养资源的使用效率，降低服务获取的边际成本。

2. 轻医养服务机构

轻医养服务机构可分为单个门店与连锁机构。连锁机构包括直营连锁与加盟连锁两种形式。

轻医养服务门店有养生馆、足疗馆、推拿馆、艾灸馆等。

直营连锁指连锁门店均由连锁总部全资或控股开办，门店在总部的直接管理下统一经营。总部采取纵深式的管理，直接管理所有零售点，零售点也必须完全接受总部指挥。直接连锁的主要优势在于渠道经营，通过经营渠道来拓展业务。

加盟连锁指主导企业把自己开发的产品，服务的营业系统（包括商标、商号等企业形象，经营技术，营业场合和区域），以营业合同的形式，授予加盟店在规定区域内的经销权或营业权。加盟总部向加盟主提供创业与经营培训，并向加盟主收取加盟金、保证金以及权利金等。

3. 轻医养零售

轻医养零售包括线下零售和线上零售。

线下，轻医养服务机构零售轻医养产品、设备。线上，轻医养打通从电商网站到微商平台的全网营销环节，使零售触及消费者接触的每一个终端。

轻医养与健康管理和保险业深度对接，可以进一步拓展产业发展空间。

轻医养和旅游业对接，以健康服务为核心，提供疗养、食疗等服务，区别于一般旅游服务。健康服务可以带动旅游环境的建设和提升，包括硬件与软件设施的提升、自然环境的保护等。

第八章

轻医养体验场景

体验场馆是一种场景，是用户感知轻医养服务的第一载体。场景的建设直接关系用户对轻医养的体验感，是轻医养实现商业经营的首道关卡。

第一节　体验感

一、理解体验感

体验感指人们通过亲身接触所获得的对事物的感觉和评价。小到对一件物品，大到对一种生活环境或生活方式，都能够产生体验感。体验感是好是坏，人们的结论相当程度上带有主观性。从商业角度看，企业创造优质服务和产品的目的，就是不断创造和积累人们“好”的体验感，以实现销售目标。

好的体验感能够使人们的身心获得愉悦。体验感的第一个层面是接触层，即用户或消费者一定要亲身参与、感受和体验产品或服务。检验品牌是否成功的一个标准，就是看品牌的理念、内涵能否通过体验感正确传达到用户心中。体验感的第二个层面是情感层，即体验在用户或消费者心中留下的情感，只要听到、看到或者闻到关联事物就能唤醒这种情感记忆。通过体验感，可实现品牌与用户或消费者在情感层面上的互连互通。

好的体验感要始终能够满足用户或消费者的情感需求，能够触动用户或消费者，使之在内心深处真正接纳相关产品或服务。轻医养就是要创造连接客户情感的体验感。

二、体验感设计

体验感设计是一种主动的创造，指以用户需求为中心，通过设计建立品牌、产品与用户的情感连接。体验感设计要直达人心、满足人的心理需要。

首先，人是生活在具体场景之中的，体验感容易因场景的变化而变化，而产品、服务都是传递场景变化的重要媒介。其次，产品是直接媒介，是场景的一种延续，是用户体验的重要支撑；服务是间接媒介，是产品的一种延续，承载着情感传递的重要任务。最后，良好的体验感是场景、产品及服务的完美结合。满足心理需要，赋予道具情愫，延展产品服务，营造环境氛围是体验感设计的重要因素。

三、轻医养体验感的五个标准

1. 尊重感

每个人都渴望得到他人的尊重，获得尊重也是用户的第一需求。在轻医养门店，工作人员对用户的尊重表现为在问候、咨询、护理过程中保持良好姿态并面带微笑。与用户交谈时不要东张西望，要精神集中，根据用户的年龄，使用相应的礼貌用语，对用户提出的问题应一丝不苟立即解答。

2. 品质感

要想赢得用户，就要让用户感到服务和产品与其他品牌的差异。每个用户都有潜在的消费需求和个性化的品质需求，其面临的选择越多，对品质的需求越明确。所以，对轻医养门店而言，大到店面装饰设计，小到人员衣着服饰，内到服务质量效率，都要注重品质。

3. 安全感

轻医养的产品、服务、场所都必须保证安全，给用户充足的安全感。

4. 舒适感

能否将普通用户转变为忠诚用户，除了技术、产品、服务等质量因素外，让用户感到舒适也非常重要。轻医养门店提供的服务场景应当让用户感到放松，不会产生压迫感。

5. 愉悦感

轻医养的从业者一定要学会沟通，能够与用户无障碍交流。沟通的关键是了解用户的真实想法，满足用户的真实需求，让用户感到舒适、愉悦。良好沟通的一个技巧就是能够真诚赞美，发自内心的赞美能使人如沐春风、心情愉悦。当然，赞美应把握好分寸，否则会适得其反。

第二节　场景塑造

一、场景塑造的原则

体验式场景塑造不是简单的场景搭建，而是通过设计把要传递的理念、情感融入场景并能使体验者感知。

第一个原则是实用，包括两个维度：有用和易用。有用，讲的是场景的用途。一个场景被设计出来，首先要满足最基本的使用功能，即体验者在这个场景之下能够获得直接服务。易用，就是简单明了，没有障碍。体验者接收若干信息后，能够第一时间理解场景设计者所要传达的理念，继而产生情感上的共鸣。

第二个原则是友好。好的场景设计是友好的，能够让人感到舒适。人在舒适的场景中身心会更加放松，会获得更好的体验感。

第三个原则是铭记。好的场景一定是能够深刻植入人们记忆中，让人品味回忆的。如果场景没有给用户留下深刻的印象，就意味着下一次的接触又是从零开始。好的场景设计一定是“体验过后舍不得离开，离开之后还想再次体验”。能够让用户记住的场景大多是沉浸式场景，是能够吸引用户专注的场景，是能够使用户获得愉悦感和满足感的场景。

二、场景塑造的方式

1. 充分挖掘用户需求

场景塑造不是坐在办公室里凭感觉设计出来的，而是需要设计者结合相关数据，以用户的身份换位思考去设计的。设计者要有意识地接触场景目标用户，收集目标用户的想象、期望信息，从而获得越来越全面、越来越准确的用户场景诉求。场景塑造要做到“从用户中来，到用户中去”，脱离用户需求的场景设计，再完美和华丽都是在做无用功。

2. 建立价值交换思维

要想让场景塑造产生价值，不仅要站在用户角度换位思考，还要与企业、商户同频。场景的塑造是要能产生商业价值的，只有产生交换才能实现价值。企业、商户以产品或服务交换用户的付费和购买，所以场景的塑造要能够融入价值交换的诉求。

3. 持续优化提升

场景塑造是一个持续的过程，场景的空间可能较难改变，构成场景的要素却可以持续优化，这样可以保证用户持续获得价值。新鲜感能够刺激用户探索的欲望，激发其好奇心，使其欲罢不能。要记住，空间是静态的，但场景是动态的。

三、轻医养体验场景的六大感觉触达

1. 视觉

用户踏入门店的第一个瞬间非常重要，特别是新用户，能不能留下来完成首次消费取决于其对门店的第一印象。第一印象包括用户进入店内所感受到的一切，包括室内环境、气氛、物品摆放、卫生状况、工作人员的形象，等等。比如，光线对用户的视觉刺激是非常重要的，光线应柔和，不要太刺眼，同时接待或咨询的位置应光线充足、色调明快。

2. 听觉

用户对体验场景的感觉包括动、静两种状态。动，是能够在轻松愉悦的氛围中与服务人员进行交流和互动。静，是能在身体和心灵上感受安宁、安静。轻医养体验店的环境要动静结合，包括播放一些舒缓的音乐，交谈时声音要清晰、柔和等。

3. 触觉

轻医养服务要有效果，细节和细心是必不可少的。例如，接触身体的物品要消毒，体验装的产品要密封好，提供的免费茶水不能太烫，服务的力度、手法都要随时根据用户的感觉进行调整。

4. 嗅觉

体验店是相对封闭的公共场所，人员流动相对较多，室内外环境要保持空气的流通和清洁，地面要及时清扫，物品工具要按规定消毒清洗，不能有任何异味。服务人员也要注意自身的清洁和口腔卫生，在上班期间不能吃刺激性食物，要保持口气清新，这样与用户交流时才不会引起反感。室内可摆放香薰改善空气味道。

5. 味觉

这里特指入口的食品、保健品，要尽可能优化口感。

6. 知觉

知觉综合以上五个感受，在不断的实践中逐步形成一种衡量标准，用户会用这种标准检视自己所接触到的一切。

第三节　轻医养体验场馆体系

轻医养体验场馆作为轻医养产品和服务的体验终端具有营销功能，是轻医养商业化的核心载体。

轻医养体验场馆强调体验感的分层设计，根据区域、消费需求、消费能力和经营者的不同，形成差异化服务的体验模式。这种模式将消费者的体验需求分层，体现为不同形式、不同规模、不同功能的终端场馆。主要分为以下四类。

一、一级体验场馆：旗舰店

名称：旗舰店

选址：城市核心商圈或经济发展中心位置

面积：200~300平方米

功能：

（1）品牌形象展示——在人流、商流聚集地开设旗舰店，可对轻医养品牌产生天然的宣传推广作用，同时更容易吸引消费者进店体验，对标苹果、小米旗舰店。

（2）全科医养体验——旗舰店面积较大，可提供全科轻医养服务，用户可以获得最全面的轻医养体验。

业态：中医、医美、艾灸、业务代理、产品销售

盈利方式：日常经营盈利，吸引加盟盈利，提供赋能服务盈利

旗舰店同时还是产业研究中心，可提供技术服务支撑。

二、二级体验场馆：社区店

名称：社区店

选址：人员密集的住宅小区、社区

面积：50~80平方米

功能：

（1）深度扎根社区，是一线服务场景，将轻医养服务设在客户身边，可使客户更轻松、更方便地获取服务，使品牌更容易实现口碑传播。

（2）形成联动效应——每个社区店都有一定的辐射范围，根据辐射范围合理设置社区店，形成联动以实现高效率服务覆盖。

业态：艾灸、代理、产品销售

盈利方式：合伙人加盟，轻医养服务及产品销售

社区店以艾灸医养标准化服务为核心，兼顾医养产品销售，同

时连接社区成员，可以向旗舰店转移有个性化需求的用户。

三、三级体验场馆：店中店

名称：店中店

选址：各类中医馆、足疗馆、美容馆、养生馆、采耳馆、瑜伽馆等划分出的独立区域；商场中的独立柜台

面积：10平方米左右

功能：

（1）与各类中医、养生、美体美容相关服务形成联动，增加服务形式、吸引关注目光。

（2）以轻医养体验带动产品销售，增加零售渠道。

业态：产品销售、代理

盈利方式：产品销售，客户转介绍，代理加盟

店中店能够进一步拓宽轻医养服务的覆盖范围，借助多渠道实现引流，共享盈利，为社区店、旗舰店输送精准用户。

四、四级体验场馆：虚拟店

名称：虚拟店

选址：不受空间限制

面积：无

功能：以“微商”等形式拓展线上零售渠道，并向线下门店实现精准引流

业态：产品销售

盈利方式：产品销售，客户精准推介

虚拟店无处不在，是轻医养建立在以人为单元基础上的商业形式，以实现轻医养“不分时间、不分空间、无处不在”的业态浸透。

第九章

轻医养平台运营

平台指为合作者和用户提供的合作和交易的软硬件相结合的场所或环境。平台的核心功能是促成双方或多方之间的交易，平台则可由此获得收益。

轻医养将形成大平台，以现有或未来的业务为切入点，既发展自身业务，又提供平台服务。

第一节　什么是平台型企业

平台型企业采用“通过帮助两种或者多种不同类型的顾客实现直接交易以创造价值的商业形态”，它的两个基本特征是“多边顾客”和“直接交易”。

平台指一种网络关系。平台型企业提供网络的底层技术和基础，不参与核心价值的创造，但连接核心价值的创造者和用户两端，相当于中间商。平台型企业除了将资源进行自由组合，还要有独立的商业想法。

企业与企业之间不再仅是产品的竞争，而是要在产业层面实现平台与生态链的竞争。只有把企业变成平台，去沉淀用户、挖掘数据、形成生态圈，才能在竞争中获得优势。

新技术和共享大趋势为企业打造开放创新生态圈提供了必要的前提，“无边界”的商业生态正在形成，因此，从传统商圈到平台化是企业发展的必然趋势，也是企业发展的必然选择。共赢是平台化的核心理念之一，强调平台各利益相关者互惠互利。共赢的本质是“共”，只要想好如何与别人“共”，“赢”就是顺理成章的事了。构建完善的平台商业生态系统，是企业做大做强的法宝，也是商业生态圈得以持久的根本。

平台型企业通常前期获客成本较低，但伴随着用户达到一定规模，获取用户的成本会相应提升，因为此时已经有新的挑战者进入竞争赛道。平台型企业青睐于轻资产运营，也不乏重资产公司。

第二节　平台型企业的特点

一、从形态角度看

1. 网络效应

平台型企业的形态基于连接的用户数量与质量，即呈现明显的网络效应。正如“IT界三大定律”之一的麦特卡夫定律指出：网络价值与网络用户数量的平方成正比。所以，平台型企业连接的用户越多，呈现的网络效应、规模价值就越明显。

平台型企业的用户关系较为复杂，包括买方群体、卖方群体、其他第三方或更多方群体，以及平台型企业自身，这些群体还可以对内、对外互相转换。因此，平台型企业必须兼顾多群体利益，只有多群体规模同时壮大，获取的价值才能更大，这是平台型企业必须追求的基本目标。

2. 开放性

平台型企业具备网络的连接特征，是商业交易的桥梁搭建者和重要促成者，因而必然要具有开放性。开放性可以促进连接的群体形成相互依存、相互联系、相互依赖的生态圈关系。开放性越大，生态圈的抗风险性和多样性就越强，平台自身的存在和发展就愈加持久。开放性不是无条件、无秩序的开放，而是连接者在自愿遵守一定的平台规则的前提下，按照自己意愿有选择地加入，与平台一起维护开放性的繁荣。

3. 复杂性

平台型企业要保证平台系统内部的价值创造，还要保证连接各群体的利益需求得到合理化满足，种种需求交织在一起，就形成了平台的复杂性。平台连接的各群体不再孤立，而是通过平台形成了互动关系，并可通过互动关系放大自身的效能和价值。平台连接的各群体通过平台满足各自的需求，这些需求同样可以形成互补，互补程度越高，各群体对平台的依赖性也就越大。因此，平台的复杂性确保了连接各群体能够更好地实现需求协同。

4. 用户依赖性

用户越早进入平台，就能越早对平台的产品、特点、文化、工具、模式等形成熟悉优势，这种熟悉优势能够转化为用户在平台的沉没成本。用户面对新平台连接选择时，会考虑转移使用的成本。用户在旧平台的时间越长，沉没成本越高，转移成本也就越大，用户对旧平台的依赖性也就越强。

二、从经营角度看

1. 产品能力

平台型企业具有很强的产品能力，这里的产品既指面向市场的产品，也指平台系统本身也是一个产品。平台本身是一个快速迭代的体系，打造这种体系与打磨产品是一样的。所有产品能够在平台上呈现，同时平台又能为连接到平台的产品赋能。只要用户存在，市场就存在；只要市场存在，产品就存在。产品不会停滞，会不断更新、不断优化，会不断根据用户和市场需求的变化而变化。平台型企业就要像产品一样，不停止前进的脚步，不停止扩张的信念，不停止创新与自我革新。

2. 动态竞争

平台型企业面临的是比单边市场更加复杂的多边市场。多边市场的信息传递与交换的效率在平台中得到充分提高，变化的复杂性愈加不可预测。在平台这种开放的市场环境中，经营策略、营销手段、技术特征、管理模式都可能转化为赢得竞争的关键要素。在关键要素上实现超越，就能使拥有者保持竞争优势。随着技术的不断创新，平台上会不断有竞争者的加入与退出，平台呈现动态竞争的特点。

3. 价格结构非对称

平台型企业的经营者可以根据平台的能力及不同用户的需求，实行不同的定价策略以求得利益最大化。例如淘宝平台对品牌企业开店和个人用户开店就采取了不同的服务政策，同时又细分出天猫子平台以配合服务政策的落实。

4. 降低可变成本

平台型企业往往采用柔性的管理与合作机制。在围绕底层逻辑规则运行的基础上，平台型企业更多以“平台+”的形式运营，提供必要的支持资源，以外包或者合作的形式发展平台不能做或者不擅长做的业务。这种机制可以有效减少大量可变成本投入，从而确保企业的利润率水平。

5. 垂直经营

平台型企业进入稳定运营期后，往往能够孵化一些垂直领域的细分业务。由于品类具有天然的分化特点，细分业务往往能够发展为专业化运营企业，或者转化为垂直细分领域的业务平台。这种模式使平台运营更加精准、高效。

三、从管理角度看

1. 超级企业家

创建平台型企业，要求企业家具备大格局，能够看懂未来发展方向，在市场中准确把握供需的矛盾点与不平衡点，推动平台发展以解决问题，提高行业发展效率，所以平台型企业大多拥有一个超级企业家。

2. 规模性

平台型企业的目标不是“小作坊”，平台复杂的网络结构要求平台具备一定规模。这个规模不是单纯数量和体量上的规模，还指平台的管理能力形成规模。例如美团平台在各地的代理模式形成了标准，对代理发展的管理就可以规模化复制。规模化是为了更好地规范化。

3. 高效率

平台型企业解决的是供需问题，供需的第一痛点就是效率问题。连接效率、信息交换效率、交易效率等，效率水平不同将产生完全不同的体验。特别是在信息爆炸的今天，如果平台不能提供足够高的效率，用户就会用脚投票，转去效率更高的平台。

4. 整合能力

平台型企业的整合能力体现在两个方面。一是平台对连接资源的整合能力，体现为平台的中后台管理能力，如体系化的能力、知识化的能力、产研孵化的能力、数据化运营的能力等。这种管理能力要能够复制并传承，是保证平台稳健发展、跨界发展的基础。二是平台对沉淀在平台的数据的整合能力，体现为能够对大数据进行整合、加工、预测，使之能为用户提供更加个性化和人性化的服务。

5. 生命周期

平台型企业的生命周期，取决于平台用户的生命周期。平台型企业为用户提供服务，使用户的竞争力增强，平台自身的生命周期也就越长。用户在平台上持续创新发展，平台的生命力就会增强。

平台型企业在本质上必须具有独特价值。价值的创造不仅来自平台连接的用户，还来自平台为用户提供的服务。在平台上，价值完成了传递、实现与分配。平台型企业不仅创造市场，也维护市场。

第三节 轻医养平台

一、艾灸服务平台

艾灸服务是轻医养产业的核心服务。艾灸服务平台就是针对用户的艾灸需求，通过组织整合、集成优化各类艾灸服务资源，提供可共享共用的基础设施、设备和信息资源共享渠道，为用户需求提供解决方案，达到减少重复投入、提高资源效率、加强信息共享的目的。例如打造品牌门店平台：集成各类提供艾灸服务的专营及非专营线下门店，形成统一的服务标准，并通过平台提供赋能服务，实现用户无论在何时何地都能够获得相同体验的服务，促进艾灸产业规范化、科学化、标准化发展。

二、产品销售平台

围绕轻医养产业大量的衍生、体验产品，依托线上线下结合的渠道优势，整合产品形成服务型销售，搭建产品销售平台。产品销售平台的表现形式为“线上+线下”。线上打造电商平台，一种是自建电商平台，锁定私域流量；另一种是通过公共电商实现销售，同时向私域导入流量。线下，利用门店的覆盖优势，在向用户提供轻医养服务的同时，通过个性化顾问服务，进行产品组合销售。产品是标准化的，产品的销售方式则是个性化的，二者可通过轻医养平台得到整合。

三、教育培训平台

轻医养是新兴的产业，存在大量教育培训需求。轻医养教育培训平台应具有专业化、规范化、标准化的特点，将产、学、研深度结合，打造知识教育与实践教育相结合的培训服务体系。同时适度延伸，形成集课程研发、教育服务和咨询策划于一体的综合性平台。

四、用户连接平台

在互联网思维下，轻医养的每一个产品、每一个场景都是平台的入口，是平台的起点。轻医养以互联网、产品、线下门店等为入口，实现用户的全连接，通过不同的领域、渠道、端口不断沉淀用户，多维度挖掘用户数据，积累大数据资产，分析用户未来需求，不断扩大产业边界。

五、中医文化平台

中医理论是轻医养的理论基础，打造中医文化平台，一是形成推广平台，二是形成交流传播平台。

六、资本增值平台

整合基金、风投等资本金融力量，为轻医养事业赋能，发现、打造优质的轻医养事业项目和企业，实现快速发展。

七、大众创业平台

轻医养属于风口型产业，能够吸引更多的人、财、物投入。创业者既可以利用已有的平台项目拓展业务，也可以借助平台资源实现自主创业。

八、设备平台

聚合各类轻医养仪器设备，与轻医养产品、服务组合，形成个性化的输出，满足用户的不同需求。

第十章

轻医养产业生态

日本小说家铃木光司在小说《环界》中做了这样的设定：美日科学家在巨型计算机内创造了一个三次元的假想空间“环界”，“环界”中的空间如宇宙一般广大。简单来说，就是创造了一个与现实世界一模一样的沙盘世界，研究员以此来对生命进程、世界演变进行观察。

实际上，小说中的“环界”就是一个能够自我演变、自我成长、自我进化的生态系统。轻医养也将创造一个产业生态，涉及供应商、经销商、外包服务公司、融资机构、关键技术提供商、互补和替代产品制造商，以及竞争对手、客户、监管机构、媒体等企业利益相关者。它们在一起形成综合价值链、产业链、人才链、资金链的动态体系。轻医养生态体系中的每一个参与者最终都要与整个生态体系共命运。

在自然生态系统中，各种生物及生物群落与其无机环境之间，在一定的时间与空间范围内通过能量转换和物质循环相互作用，构成统一的整体。产业生态系统则是基于这一自然生态系统原理的具有高效经济过程及和谐生态功能的网络化生态经济系统。轻医养生态系统包括以轻医养理念为核心，由多样化组织组成的群落，其中有制造型企业、服务型企业、公益型组织等。

第一节 轻医养生态概念

产业生态学认为一个产业在其发展过程中具有自我调节功能。由于产业的复杂性，随着产业的自我调节，会产生新的创新成果、新的产品和服务，甚至会形成新的产业或生态。轻医养就是从大健康产业生态中衍生的细分产业生态。

一、轻医养生态种群

轻医养生态种群指与轻医养产业相关的某一类提供相同或相似产品或服务的企业或团体组成的群体，如生产者群体、服务者群体、消费者群体等。这些群体是轻医养生态的基本组成单位。轻医养生态的研究就在种群内部、不同种群之间展开，以创新轻医养产业网络化发展和协同化发展的机制。

二、轻医养生态链

轻医养生态种群的内部与外部都存在纷繁复杂的关系并通过价值流动形成轻医养生态链。

三、轻医养生态位

轻医养种群的持续发展，必须占据一定的发展空间。发展空间的特定条件、共享程度，决定了种群的发展规模与生态地位。种群与发展空间之间的功能关系构成了轻医养不同种群的生态位。在轻医养生态中，生态位呈现不同种群的竞争与合作关系，决定了轻医养的产业高度与产业深度。

四、轻医养生态系统

生态种群、生态链、生态位与社会环境、自然环境及轻医养产业环境交织在一起，形成了复杂的立体网状结构。这些元素通过信息交流、利益交换、价值流通形成了相互联系、相互制约、自我调节的复合体。这个复合体就是轻医养生态系统。轻医养生态系统组成越复杂，就越呈现多样化发展，抗风险能力就越强。

第二节 轻医养生态特点

一、适应性

轻医养生态是完全创新的、开放的系统，其生态发展效率与外部环境密切相关。轻医养生态发展要与社会、经济、文化、科技及其他产业生态等外部环境协同。面对外部产业环境、市场环境、技术环境和融资环境的不断变化，轻医养种群要能够组成有创新性的组织并不断调整，推动轻医养生态向更高层次发展。

二、层次性

微观层面，轻医养从业者、轻医养服务机构奠定了轻医养生态的发展基础。中观层面，轻医养技术研究机构、学术研究机构、企业商业机构等构成了轻医养生态的创新基础。宏观层面，轻医养监管机构、政策制定机构、行业协会、管理机构等发挥着顶层设计、监督检查及行业规范等作用。

三、交互性

轻医养要与其他产业实现交互，只有交互才能促进开放，才能形成生态内外的物质与价值循环。不断进行人才、信息、资金、资源等的交换，才能使轻医养整个生态系统从无序到有序，从低级向高级不断发展。轻医养种群的交互效率也直接影响着轻医养产业的发展。

四、动态性

结构和功能的动态演化使轻医养生态生生不息。任何产业都有一定的发展周期，只有保持动态性才能使产业周期不断延长，即使生态系统中的个别主体会因自身衰落而退出，整个生态系统仍能保持成长和进步。

五、整体性

轻医养是多个产业的有机集合。首先要考虑不同产业、不同政策之间的有机结合，避免冲突和矛盾的产生。其次要关注关键元素的完整，关键元素缺失将使系统难以发挥整体优势。关链元素不完整的产业生态体系的发展与成长空间会十分有限。

第三节 轻医养生态组成

一、主体层面

主体层面指直接提供轻医养产品或服务的机构或个人。

当前社会上的医养机构众多，大多数机构面临从重医养向轻医养的价值主张的转换问题，解答了这个问题才能实现转型升级，从困局中突围。

医养行业从业者大多数是技术服务者而非商业经营者，十分辛苦却又收获甚微。轻医养将实现医养技术与管理的轻量化、标准化，帮助从业者实现个人价值。

二、支撑层面

支撑层面指能够促进主体层面更好地发挥功能的各类组织。

包括：提供信息化支持的信息管理服务机构；提供人才信息与交流的人力资源服务机构；提供保险支持的健康保险机构；为企业提供高质量发展资金支持的金融机构；提供各级人才培训与培养的院校、企业机构等。这些机构为轻医养产业稳健发展提供了支撑。

三、中间层面

中间层面指对接人群与轻医养服务机构的中间组织。

例如，企事业单位的工会组织，以改进员工生活质量和提升工作效率为目的，向本单位的职业群体提供定期的轻医养健康保养服务；社区、写字楼、商超等的物业组织，在所服务范围内设立轻医养服务点，为所在地居民提供便利快捷的健康服务。

四、监管层面

监管层面指能够发挥引导作用，规范轻医养行业的组织。

一是监管机构，包括卫生健康委员会、医疗保障局、市场监督管理局等。二是社会组织，如轻医养行业协会、大健康协会等。三是围绕轻医养产业发展的相关政策、法律法规以及行业标准的制定等，能起到规范发展、调节关系的作用。

第四节　轻医养生态发展设想

一、塑造整体性

轻医养生态是具有复杂功能的产业系统，系统具有整体性，就是以企业（商业主体）为核心，形成各方要素聚集、支持发展的综观态势。

1. 打造头部企业

头部企业指产业链上的主导企业，具有行业话语权和产业带动力。头部企业能够不断吸引优质要素资源集中，发挥强者愈强的马太效应，发挥对轻医养产业链的引领带动作用。头部企业具备资源配置能力强、产业配套能力强的特点，可以为产业链上下游企业赋能，推动产业链整合，推动专精特新、配套企业的发展建设。

2. 集约共享支撑

在轻医养产业生态中，众多存在技术关联、市场关联、价值关联的企业都有相似的需求，打造公共平台来实现核心功能的集约共享就很有必要。围绕产业链的头部企业与配套企业，形成“公共服务平台 + 中介服务机构 + 资本金融机构 + 高端人才”的服务孵化体系，可支持企业更好地发展。

公共服务平台能够发挥服务中心的资源优势，聚合优质供应商，使企业少走弯路，实现倍速发展。中介服务机构能够连接非行业资源，减少企业的连接障碍，提高企业与非行业领域的沟通效率。资本金融机构以金融裂变的方式加快企业发展，为企业提供资金与资源支持，促进企业规范化、资本化成长，提升企业发展质量。高端人才的聚集能够更好地支持轻医养产业生态的发展。

二、发挥竞合性

竞合性指企业与其对手间既有冲突竞争，又有合作共赢。竞争与淘汰是生态系统的基本特征，如此生态系统才能生生不息，永续存在。在竞争中合作是更好地适应生态系统的方式。

轻医养生态中的企业必然存在竞争关系，良性竞争可以不断促进企业实现自我革新、自我成长，时刻保持生存与发展的动力。有效的合作可以提高企业自身的生存与获利能力，提升资源的使用效率。竞争，就是用市场的方式淘汰不能满足客户需求的、不符合发展潮流的事物。合作，就是利用先进的信息技术手段，整合趋同的产品与服务，提升服务供给的质量与效率。

三、持续开放性

开放性指在产业生态中，成员的更换与接纳、企业的更迭与重组都是自由的。产业生态的形成符合自然进化规律：不能适应者就会被淘汰，这种淘汰也许是主动的，也许是被动的，但总体来说是自由的。

轻医养产业生态并不限制其他行业或产业的企业进入，而是以开放的心态接纳全社会共同促进产业发展。

四、实现丰富性

丰富性指系统内产业种类的多样化，多样化程度与外界环境变化对整个产业生态系统的影响程度相关。轻医养生态是没有边界的，是跨学科、跨领域的产业多元化组合。

作者结语

轻医养，连接昨天、今天与明天

一、连接昨天

轻医养连接的是中华文明的沉淀、积累与升华。轻医养连接的是中医文化的理论与实践。

二、连接今天

1. 轻医养是产业

轻医养是大健康产业中的细分产业，它不仅是产业链上的某个环节或者某个领域，更是大健康产业的新赛道。当一项事物能够上升到产业高度，就有了商业活力、就有了生命力、就有了持续发展的动力。

2. 轻医养是事业

我从十八岁参加工作，从工厂流水线的生产小妹，到后来攒钱和姐妹一起创办美容店，在美容店发展最好时，又转型做艾灸养生馆。因为那时我已经意识到，健康是人生的最大保障，让身边的人健康是我应该为之奋斗的事业。

但是传统的养生门店对投资者和创业者来说投资重、管理重、回本慢；对员工来说技能重、时间长；对客户来说花费重、时间重。我就在想，有没有一种方法可以让医养“轻”起来？时间轻，花费轻，效果还好。就这样，经过多年的反复探索和论证，我创办了广东轻医养健康科技股份有限公司，2022年6月18日第一家轻医养体验中心正式开业。这更加坚定了我以保障万千受众的健康为己任的信心。

三、连接明天

我有一个梦想：未来，随着我们的努力，门店的每一位用户，只需花一点点时间和金钱，就能获得优质的健康服务。医未病、养非病、去心病，以社群化、智能化、平台化为载体，我们将提供一种新型的健康生活方式。

我有一个梦想：把我们这么多年在养生行业的营销管理经验，赋能跟随我们创业的店主，在让门店用户获得健康的同时，也能让店主获得回报。

我有一个梦想：我们的中医养生智慧可以传遍世界，让更多人受益，让医养“轻”起来！